K.L.A.

COMO SE TORNAR UM CAMPEÃO DE VENDAS

Presidente:
Mauricio Sita

Capa:
Estúdio Mulata

Diagramação:
Lucas Chagas

Revisão:
Camila Oliveira

Diretora de Projetos:
Gleide Santos

Diretora de Operações:
Alessandra Ksenhuck

Diretora Executiva:
Julyana Rosa

Relacionamento com o cliente:
Claudia Pires

Impressão:
Epecê

Dados Internacionais de Catalogação na Publicação (CIP)
(Câmara Brasileira do Livro, SP, Brasil)

K.L.A. : como se tornar um campeão de vendas / coordenação editorial Edelcio Fochi e Luiz Bagattini. -- São Paulo : Literare Books International, 2018.

Vários autores.
ISBN 978-85-9455-099-6

1. Administração de vendas 2. Clientes - Contatos 3. Escola de Vendas K.L.A. (São Paulo, SP) 4. Sucesso em negócios 5. Vendas e vendedores 6. Vendedores - Treinamento I. Fochi, Edelcio. II. Bagattini, Luiz.

18-19775 CDD-658.81

Índices para catálogo sistemático:

1. Escola de Vendas K.L.A : Administração de vendas 658.81

Literare Books International Ltda
Rua Antônio Augusto Covello, 472 – Vila Mariana – São Paulo, SP.
CEP 01550-060
Fone/fax: (0**11) 2659-0968
site: www.literarebooks.com.br
e-mail: contato@literarebooks.com.br

Prefácio

"Vendas é o coração da empresa, não pode parar!", já dizia o "executivo do século", Jack Welch. Uma empresa não pode parar de vender, assim como um coração não pode parar de bater. Tal qual um coração fraco ocasiona sérias complicações para uma pessoa, um departamento de vendas fraco também ocasionará um colapso fatal para uma empresa.

"Chova ou faça sol, o 'pão' tem que ser colocado diariamente dentro de uma empresa". Se há alguém que é responsável em colocar o "pão" para dentro de uma empresa somos nós; empresários, líderes e vendedores.

Muitos não conseguem colocar o "pão" para dentro da empresa pelo simples fato de confiarem que ter um bom produto já é o suficiente. Na verdade, se esquecem das sábias palavras do escritor Robert Kiyosaki: "Bom produto não basta, é preciso construir um sistema eficiente de vendas".

Se você realmente deseja construir um sistema eficiente de vendas, então pela primeira vez terá em suas mãos um verdadeiro manual escrito por aqueles que vivem e ensinam estratégias de vendas todos os dias, de norte a sul do País: os "palestrantes e instrutores de uma das maiores instituições de vendas do mundo": a Escola de Vendas & Negócios K.L.A.

Com conteúdo prático, objetivo e, acima de tudo, testado, os ensinamentos deste livro mudarão completamente a forma de conduzir as ações comerciais do seu negócio, aumentando consideravelmente os resultados das suas vendas.

Embarque no "conhecimento" e "sabedoria" destes verdadeiros mensageiros das vendas.

Boa leitura e não deixe de aplicar todos estes conhecimentos no seu dia a dia de vendas.

Edílson Lopes
Fundador da Escola de Vendas & Negócios K.L.A.

Prefácio

Sumário

Sumário

Sumário

1

Construindo autoconfiança em vendas

A cada capítulo deste livro, temos a oportunidade de descobrir segredos e conhecer novas ferramentas de negociação para o crescimento pessoal e profissional. Meu convite é para uma viagem fascinante na superação das possíveis inseguranças no atendimento ao cliente. Vamos mergulhar profundo no poder da autoconfiança, mostrando experiências de vida marcantes de pessoas que superaram seus limites. Uma leitura que vai elevar ainda mais seu nível de autoconfiança, como você sempre imaginou

Aguinaldo Leme

Aguinaldo Leme

Graduado em gestão de negócios pela Faculdade Facinter – Poços de Caldas, MG. *Life coach* pela Sociedade Latino Americana, técnico em contabilidade pela Escola Francisco Barreto – Mococa Escola Francisco Barreto, Mococa, SP. Palestrante de vendas e motivação, diretor e instrutor da Escola de Vendas e Negócios K.L.A., região baixa Mogiana. Sócio gestor da Madeireira Mocoquense Acabamentos há 30 anos. Sócio Diretor da NP Desenvolvimento Profissional. Ex-presidente da Associação Comercial e Industrial de Mococa. Líder da Comunidade Sara Nossa Terra. Presidente Voluntário da Associação Semeando Vidas.

Contatos
aguinaldofleme@yahoo.com.br
Facebook: aguinaldo.leme.7
(19) 99202-8130

Prepare-se para construir sua autoconfiança em quatro pilares de sustentabilidade que vão contribuir com você, campeão de vendas!

Primeiro pilar: vencer as crenças limitantes

Havia um jovem extremamente inseguro diante da vida, se escondia atrás de seus limites e era incapaz de estar à frente de qualquer coisa. Não tinha iniciativa diante dos seus medos e desafios.

Sua infância e adolescência foram marcadas pela dificuldade em se relacionar com outras pessoas: era inseguro e possuía baixa autoestima que o reprovava e condenava. O preconceito marcou sua infância, principalmente no nível pessoal, o levando a se isolar e ter poucas amizades.

Aos 14 anos, seu pai conseguiu um trabalho para ele em uma indústria de tecido como ajudante de caminhão, fazendo entregas em São Paulo. Foi um período difícil, mas uma experiência de vida importante para uma pessoa que sempre esteve fechada em seu mundo. Sua timidez e seus conflitos internos foram uma grande barreira para que ele buscasse ajuda, além de ter dificuldades em relacionamentos interpessoais.

Em pouco tempo, ele conseguiu mudar de função, atuando durante três anos como inspetor de qualidade, até o momento de se alistar no exército, em 1983.

Aos 18 anos, serviu no exército, onde usou a condição militar para se esconder de sua insegurança, tornando-se intolerante. Apesar de ter sido um ano marcado pela descoberta de relacionamentos confusos e amizades que o levaram a ter comportamentos irresponsáveis, ele aprendeu a importância da disciplina, organização e respeito às autoridades.

Aos 19 anos, mudou-se para a cidade que havia nascido, no interior do Estado de São Paulo, e iniciou seu primeiro negócio com seu pai em um desmanche de automóveis, sem nenhuma experiência de negociação ou gestão.

A frustração do rapaz foi grande, a maior negociação que ele fez foi malsucedida pela falta de experiência e falhas na negociação.

O pior neste negócio foram as propostas que ele recebia constantemente pela venda do documento dos veículos acidentados. A pressão foi grande, decidiram fechar a empresa.

Uma frase de Albert Einstein dizia que a melhor fonte de conhecimento é a experiência. A falta de experiência provocou profunda decepção e deixou o rapaz em busca de respostas e saídas para sua vida profissional. Após alguns meses, começou a vender consórcios de eletrodomésticos de porta em porta e, ao receber muitos "nãos", acabou desistindo, pois não tinha resiliência e nenhum treinamento.

Aos 21 anos, iniciou seu trabalho em uma concessionária de automóveis como vendedor de peças no balcão. Passou por um processo de capacitação e conseguiu uma oportunidade no tele-*marketing*. Em pouco tempo, recebeu uma proposta para ser o primeiro vendedor externo de peças no interior de Minas Gerais. Essa foi mais uma oportunidade para seu crescimento profissional que ajudou a melhorar sua autoestima. Contudo, sua autoconfiança era uma grande barreira, pois ele não acreditava em seu potencial e tinha medo de estabelecer relacionamentos sólidos.

Depois dessa experiência, aos 23 anos, surgiu a oportunidade de começar outro empreendimento com a família, no ramo da construção civil, em 1987, o qual continua até os dias de hoje, como sua base profissional sólida.

Casou-se aos 29 anos, teve 2 filhos e, com apoio da esposa, começou a enfrentar seus medos e criou coragem para superar seus traumas, sempre desafiado pelas novas oportunidades.

Uma das experiências mais desafiadoras foi quando, indicado a presidente da associação de homens negócios, teria de abrir o jantar para mais de 100 pessoas. Foi um desastre. Por isso, ele decidiu quebrar sua insegurança, fazendo vários cursos de capacitação.

Foi convidado a iniciar um programa de TV na sua cidade, com dicas e entrevistas, chamado "negócios e prosperidade" e, posteriormente, um programa de venda de automóveis, chamado "auto mania". Essa experiência durou seis anos e sua resiliência e capacidade de superação foram testadas, além de ele ter de se relacionar e interagir com o mais variado público. Estar constantemente fora da zona de conforto foi uma ótima decisão.

As oportunidades continuaram a bater em sua porta e surgiu a necessidade de voltar a estudar e se capacitar, quebrando crenças limitantes e buscando aperfeiçoamento pessoal e profissional, para aumentar sua autoconfiança e poder de negociação. Este personagem sou eu, esta é parte da minha história de vida.

Moral da história:

Conseguiu vencer as crenças limitantes que o sufocaram por muitos anos, até que decidiu enfrentar seus limites, superar seus medos internos, vencer a insegurança, superar o medo dos seus sentimentos, valorizando suas virtudes. Aprendeu a necessidade de buscar a evolução pessoal permanente, por meio do crescimento contínuo, com conhecimento, habilidade e resiliência, aumentando significativamente sua capacidade de realização.

Vencer a indecisão, quebrar paradigmas, desenvolvendo a confiança em si mesmo e, sobretudo, enfrentando as barreiras construídas pelo hábito, foram os divisores de águas em sua vida.

Segundo pilar: investir em capacitação

Lembro-me de um casal de alunos da escola de vendas, com muita sede em capacitação, mas com dificuldade financeira para investir em treinamento. Decidiram vender um equipamento profissional para investir em capacitação e tiveram uma experiência marcante e ótimos resultados. Foi incrível!!

A sua capacitação eleva o poder de negociação, desenvolve autoconfiança e determina segurança no atendimento. Não se satisfaça com aquilo que você sabe, busque sempre aprimorar sua capacidade profissional.

Talvez você não precise aprender algo completamente novo, mas apenas se aprofundar e capacitar ainda mais, experimentar coisas novas e diferentes, desenvolvendo autoconfiança nas negociações.

Fazer algo extravagante no parque de diversões ou praticar esportes radicais pode provocar sua autoconfiança. É importante que sejam desafios e experiências novas, para provar a si mesmo o quanto você é capaz de superar obstáculos.

A insegurança nos leva para um caminho de dúvidas, incertezas e medo. Quando desenvolvemos a competência, a persistência e a força, desfrutamos da autoconfiança e alcançamos resultados surpreendentes.

Vender-se primeiro eleva sua autoconfiança. Acreditar que você pode ser melhor a cada dia, desenvolvendo suas habilidades, gera confiança por parte do cliente a seu respeito, ocasionando excelentes negociações.

É impossível fechar uma boa venda se você estiver desanimado e inseguro diante do cliente. É preciso estabelecer um caminho claro e objetivo para potencializar sua capacidade de negociação, desenvolvendo sua autoconfiança. Lembre-se: não basta entender. É preciso aprender e se capacitar para ampliar sua autoconfiança no atendimento ao cliente, elevando o poder da negociação mediante três segredos:

1 - O cliente gosta de você (empatia);

2 - O cliente confia em você (credibilidade);

3 - Você tem a solução (conselheiro).

Esse segredo de comportamento estabelece relacionamentos duradouros para a fidelização de clientes e potencializa seus resultados.

Acredite, não basta entender de alguma coisa, é necessário aprender o que se propôs a fazer, para desenvolver sua autoconfiança.

Terceiro pilar: o poder da motivação

Um vendedor conseguiu a oportunidade de trabalhar em uma loja de automóveis importados. Sua ansiedade e insegurança eram grandes, pois não conhecia nada desse ramo. Por isso, passou dias estudando as marcas de carros da loja.

Chegou o dia de começar a atender. Ele estava inseguro e, logo cedo, já estava na porta da loja, esperando sua primeira oportunidade.

Carlos, o vendedor, observou um rapaz passando bem devagar em frente à loja, observando os maravilhosos carros em exposição e acenou para ele, dizendo "bom dia". O rapaz observou a loja por alguns minutos e decidiu entrar. Seu nome era Paulo. Carlos foi ao seu encontro e colocou-se à disposição e Paulo pediu para conhecer de perto uma Ferrari.

Carlos o levou até o carro e explicou tudo que havia estudado, além de ter muita atenção e disposição para tirar as dúvidas de Paulo, que estava maravilhado de estar dentro de uma Ferrari. O vendedor ainda o convidou a dar uma volta nesse carro e Paulo teve a oportunidade de realizar um sonho por meio de Carlos.

Depois de voltarem à loja, Carlos lhe ofereceu um café saboroso e Paulo lhe perguntou por que tinha sido atendido daquele modo, sentindo-se exclusivo, apesar do fato de que o vendedor sabia que ele não tinha condições de comprar uma Ferrari. Carlos respondeu que aquela tinha sido a possibilidade de realizar o sonho de Paulo e de aumentar sua própria autoconfiança para fechar a próxima venda.

Moral da história:

A motivação e a ousadia do vendedor Carlos aumentaram sua autoconfiança, ao aplicar o conhecimento, desenvolvendo suas habilidades na negociação, gerando empatia e valorizando seu cliente. Quanto mais confiança e motivação você transmite ao cliente, naturalmente, mais autoconfiança terá. Como diz Edílson Lopes, "para a melhor venda, não basta um bom produto, é preciso autoconfiança para vendê-lo". A baixa autoconfiança faz o vendedor insistir em preços baixos, mas sem mostrar benefícios.

É imprescindível, para seu crescimento profissional, o gatilho mental diário da busca por conhecimento, prática e repetição. Um campeão de vendas precisa agir com foco, concentração, ação e inspiração, formando um estado mental poderoso.

Tivemos uma experiência com um empresário, em sala de aula, muito interessante; percebi sua disposição e motivação, além do desejo em ampliar seu conhecimento no atendimento e encantamento do cliente. Depois de três meses, ele conseguiu aumento de 20% nas vendas da sua empresa.

Nosso aluno vendedor é outro exemplo de crescimento profissional. Um rapaz que, durante o treinamento, destacou-se pela motivação e sede de aprender, aplicando diariamente nossa metodologia.

No final do treinamento, ele me chamou a atenção com uma pergunta: "qual o próximo passo para continuar crescendo?". Minha alegria foi que ele recebeu uma proposta para ser gerente de uma loja da rede. A autoconfiança daquele vendedor e seu crescimento profissional foram notados pela direção da rede, que o promoveu no final do treinamento.

O livro *Oportunidades disfarçadas*, de Carlos Domingos (Editora Sextante), conta a história da executiva Anne Mulcahy, que revolucionou a gestão da Xerox Corporation e afirma: "minha experiência ensinou que a crise é um motivador muito poderoso", outra experiência, de Carlos Ghosn, que conseguiu tirar a Nissan da falência e afirma que se falta motivação, muitas outras coisas já acabaram. Os motivados superam os diplomados, pois estes estão acomodados e desmotivados. Tenha coragem, força, bom ânimo e eleve sua autoconfiança.

Quarto pilar: cumprir a missão

Quando descobrimos nossa missão, encontramos a essência e desenvolvemos a autoconfiança para traçar um caminho e, sobretudo, entender o motivo para alcançar nossos objetivos de vida.

Quem tem missão, tem pressa, e exige disciplina, resiliência, coragem e conhecimento do que estamos fazendo para atingir o alvo e estabelecer uma autoconfiança elevada. Ela nos condiciona a permanecer atuantes na caminhada rumo ao sucesso profissional e pessoal, além de nos tirar da zona de conforto diariamente.

Para ser um vendedor autoconfiante é preciso reconhecer o estado atual, tendo objetivos para alcançar o estado desejado, tendo foco, planejamento, atitude e melhora contínua, o que o aproxima da missão e gera satisfação.

A missão é a razão de viver. Você sabe qual nível de missão tem desenvolvido? Você é uma pessoa que se realiza com a própria realização? É alguém que gosta de realizar o desejo do próximo? Ou é alguém que se realiza ajudando a humanidade?

Quando você identifica sua missão e se dedica a ela, fica fácil realizar-se, pois sua autoconfiança está elevada e o faz uma pessoa feliz.

Vender é cumprir a missão de surpreender as pessoas à nossa volta, transmitindo empatia, gerando confiança e encontrando as melhores soluções, sendo um orientador dos seus clientes.

Somos frutos do que alimentamos, por isso, um poderoso argumento de vendas é quando você coloca dinheiro no bolso do cliente, apresentando benefícios e economias no produto ou serviço. Sentir a dor do cliente e solucioná-la é a nossa missão.

A confiança do cliente em você depende de sua autoconfiança, autoconhecimento e autoestima elevados, que o capacitam a se aproximar do sucesso. A autoconfiança é uma arma poderosa para cumprir a sua missão. Tenha a autoconfiança de um gigante e seja um extraordinário negociador.

Estes quatro pilares podem contribuir para seu aperfeiçoamento profissional e pessoal, desenvolvendo novas habilidades, melhorando relacionamentos e atraindo mais vendas, o promovendo para chegar no topo, sendo uma referência nesta geração.

A autoconfiança o torna um campeão de vendas!

Sucesso, sempre!

2

Como vender mais por meio de movimentos estratégicos

A vida de um profissional de vendas, sem sombra de dúvidas, é repleta de muitas visitas, reuniões, entrevistas e de vários quilômetros rodados. Pensando nisso, fiz questão de reunir algumas técnicas e estratégias para alavancar suas vendas, por meio de movimentos estratégicos, e ser um *campeão de vendas*. Boa leitura!

Alberto Marinho

Alberto Marinho

Diretor franqueado na Paraíba do Grupo K.L.A. Educação Empresarial. Sua franquia está entre as três melhores do grupo no Brasil. Com mais de 20 anos de mercado, a K.L.A. está presente também em Portugal, México e EUA. É instrutor do Senac–PB, atuando na formação profissional de jovens. Iniciou sua carreira aos 14 anos, como menor aprendiz, no setor de tecnologia. Com apenas 16 anos passou a atuar como vendedor e trabalhou em grandes empresas locais, onde treinou e liderou equipes de vendas. Graduado em *marketing* e vendas, pela Faculdade Estácio de Sá, foi agraciado com a "medalha alumni diamante aluno egresso de sucesso". Administra sua carreira com disciplina, compromisso e ética, e é hoje referência em gestão de vendas e capacitações na área. Coautor do livro *Vendas: a chave de tudo.*

Contatos
contato@albertomarinho.com
Youtube: Alberto Marinho
br.linkedin.com/in/albertomarinhopalestrante

Sempre me perguntam: "Alberto, como posso vender mais?". Logo em seguida eu penso: "esta é, com certeza, a pergunta do milhão". Várias são as técnicas e estratégias que podem fazer você vender mais, porém, eu sempre oriento, antes de pensar em vender mais, a responder três perguntas fundamentais no mundo das vendas:

- O que você vende?
- Para quem você vende?
- Por que você vende?

Descobrir as respostas para essas três perguntas fará, automaticamente, você vender mais, pode ter certeza. Mais de 60% dos profissionais de vendas não sabem as respostas para essas três perguntas, e você? Sabe? Já conseguiu as respostas?

Minha missão neste capítulo é apresentar alguns caminhos para vender mais, por meio de movimentos estratégicos. Irei buscar ser o mais simples e objetivo, para que você consiga realmente colocar em prática as várias ações que compartilharei aqui.

Você pode se perguntar: "será mesmo que consigo aumentar minhas vendas?" E eu responderei: "SIM". Vamos dividir nosso aprendizado em três pilares fundamentais para aumentar as vendas, por meio dos movimentos estratégicos. São eles:

1 - Olhar estratégico

2 - *Networking*

3 - Parceiros estratégicos

Primeiro passo: olhar estratégico

Comecei a trabalhar com vendas aos 14 anos de idade e sempre observei os profissionais ao meu redor e percebi que alguns vendedores vendiam mais e outros não, que alguns tinham um poder incrível para persuadir os clientes e sempre os transformavam em fãs ardorosos das suas marcas, além disso estavam o tempo todo estudando o mercado em que atuavam. Será que eles faziam isso apenas por fazer ou eram exatamente caminhos que temos que trilhar?

Meados de março de 2015, um jovem vendedor saía de casa para mais um dia de trabalho, ele se chamava Fernando e trabalhava em uma loja de informática havia três anos. Fernando sempre estava atento às mudanças do seu segmento, pesquisava bastante na *Internet*, sempre comprava revistas que traziam as principais tendências de mercado e as curiosidades da área. Na verdade, Fernando tinha um hábito de se alimentar de informações relevantes sobre o mercado e, sempre que tinha oportunidade, compartilhava algumas das informações com os seus clientes e colegas de trabalho e, certa vez, um cliente perguntou:

— Fernando, eu sempre percebo que você está lendo, estudando ou pesquisando, você não acha que isso está tomando o seu tempo?

Fernando rapidamente respondeu:

— Claro que não, eu preciso estar sempre preparado e abastecido de informações sobre o meu mercado, até porque, nós vendedores, devemos saber exatamente o que vendemos, para quem vendemos e como podemos vender mais e melhor, o senhor concorda?

O cliente sorriu, deu uma leva batida nas costas de Fernando e disse:

— Você vai longe menino, muito longe, continue assim!

Agora eu lhe pergunto, isso mesmo, a você, que está lendo este livro:

- Há quanto tempo você não estuda o seu mercado?
- Há quanto tempo você não estuda o seu cliente?
- Há quanto tempo você não pensa em como vender mais?

Ter um olhar estratégico no mundo das vendas é estar com as respostas dessas três perguntas na "ponta da língua", muitos vendedores perdem inúmeras oportunidades de crescimento e, consequentemente, de vender mais, por achar que vender é simplesmente falar as características dos produtos ou serviços e a forma de pagamento. Mera enganação, vender é estar cem por cento atento ao mercado e ao cliente.

Segundo passo: *networking*

Outubro de 2016, eu estava no centro de convenções Expo Center Norte, em São Paulo. Ao meu lado, mais de duas mil pessoas, participávamos de uma imersão de 36 horas em vendas e o palestrante principal do evento, um americano, com mais de 30 anos de experiência na formação de vendedores, iniciou sua fala e pediu para olharmos atentamente o único *slide* que ele tinha preparado para aquela manhã de treinamentos. Rapidamente os olhos da plateia voltaram-se atentamente para os telões espalhados no auditório. Lembro-me claramente, era um *slide* preto com letras brancas e nele estava escrita apenas uma frase, que nos fez realmente pensar:

"The market is made by people and you sell to people, so love people."

Para facilitar, vou traduzir:

"O mercado é feito por pessoas e você vende para pessoas, então ame as pessoas".

Durante toda a manhã, aprendemos estratégias para criarmos nossa *network* e fazê-la trabalhar a nosso favor.

Lembro-me, agora, de um dos nossos principais clientes, o nome dele é Sergio Alberto, ele trabalha no ramo de seguros empresariais e sempre está participando dos nossos eventos e turmas da nossa Escola de Vendas e Negócios. Conversando com ele, eu perguntei:

— Sergio, o que faz você sempre participar dos nossos eventos e treinamentos?

Ele respondeu:

— Alberto, além de estar sempre me reciclando e aprendendo novas técnicas, eu estou conhecendo novas pessoas e potenciais clientes e busco, a cada oportunidade, me relacionar não para vender meus serviços, mas para conquistar novos amigos e parceiros. Dessa forma, Alberto, eu sempre converto as minhas participações em seus treinamentos em vendas.

Avaliando um pouco mais as ações do Sergio, cheguei a seguinte conclusão: ele transforma suas participações em nossos eventos e treinamentos em vendas, pelo simples fato de se permitir conhecer novas pessoas, e isso é o princípio básico das vendas. Pare um pouco e pense:

- Há quanto tempo você não se permite conhecer novas pessoas?
- Quanto tempo você fica dentro da sua empresa, trabalhando, trabalhando e trabalhando?

Um bom *networking* é feito por meio de simples ações, participações em eventos, treinamentos, feiras, almoços de negócios. Lembre-se: quanto mais pessoas você conhecer, mais vendas fará, busque, a partir de hoje, ter um olhar estratégico para suas ações e, sempre que possível, crie estratégias como as do Sergio, faça os seus investimentos em eventos, por exemplo, trabalharem a seu favor.

Lembre-se: "o mercado é feito por pessoas, as empresas são feitas por pessoas e você vende para pessoas".

Terceiro passo: parceiros estratégicos

Lembra do Fernando, o jovem vendedor de informática? Então, ele estava atendendo um senhor, de cabelos grisalhos, que era um cliente recorrente da sua empresa, sempre estava lá, em busca de equipamentos e, todas as vezes, procurava o Fernando para atendê-lo, eles já se conheciam há alguns meses. Fernando, então, aproveitou o atendimento para tirar algumas dúvidas com o seu cliente e disse:

— Eu percebo que o senhor sempre está vindo até nossa empresa e efetuando suas compras, e sempre faturamos em nome da Associação Comercial, o senhor trabalha em qual departamento?

O cliente olha para o Fernando e responde:

— Jovem, eu faço parte do conselho administrativo da associação e gosto bastante dessa área de informática. Sempre que posso, eu mesmo prefiro comprar os equipamentos. Qual o motivo da sua pergunta?

Fernando diz:

— Eu percebo que aqui na empresa precisamos aumentar nossas vendas. Estamos com uma nova meta e, confesso ao senhor, não sei nem se irei conseguir atingir a minha meta esse mês.

O cliente fala:

— Mas, o que essa situação tem a ver com a sua pergunta?

Fernando, então, pega papel e caneta e começa a desenhar uma espécie de fluxograma, desta forma:

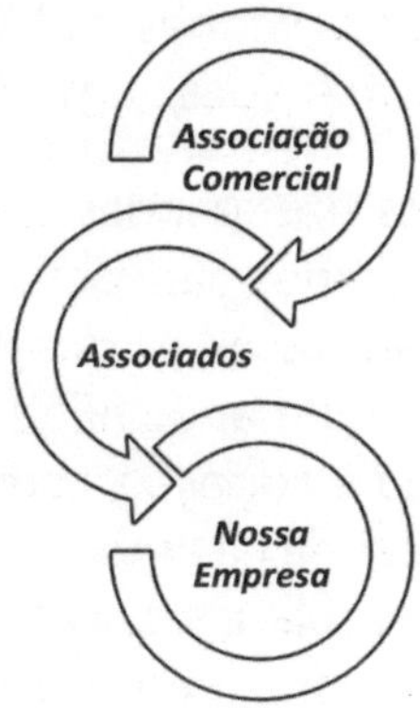

O cliente olha para o desenho e diz:

— Como assim, Fernando?

— Vamos lá – responde Fernando:

— Como poderíamos fornecer nossos serviços para os seus associados? Como poderíamos ter acesso a esses associados e fornecer alguns benefícios para eles se tornarem nossos clientes?

— Como lhe falei, precisamos bater a nossa meta e, com certeza, vender para os seus associados nos trará várias possibilidades. Além disso, quanto à associação, estarão ofertando para os seus associados um parceiro e vários benefícios.

O cliente fica surpreso com a resposta do Fernando, fica alguns segundos pensativo e diz:

— Como você chegou até essa ideia?

Fernando, então, respondeu:

— Sempre estou lendo e pesquisando ideias para vender mais, logo, quando soube que iriamos aumentar nossas metas comerciais, comecei a pesquisar mais sobre o assunto e encontrei no canal do *Youtube* do Alberto Marinho, especialista em vendas, o vídeo: *O poder do planejamento no mundo das vendas*, então, tenho a certeza e convicção de que podemos fechar uma grande parceria da nossa empresa com a sua associação.

O cliente, então, responde:

— Parabéns Fernando, eu sempre me relaciono com vendedores e poucos deles têm essa visão para vendas, irei lhe explicar como funcionam os trâmites para transformar vocês em nosso parceiro.

Caro leitor, esta história nos traz grandes ensinamentos. Vivemos em um mercado de pessoas e vendemos para pessoas, nosso objetivo, como profissionais de vendas, é criarmos as estratégias para fortalecer ainda mais nossos relacionamentos. O Fernando não só transformou a empresa que ele trabalha em parceria da associação, como também conseguiu superar a meta comercial estabelecida na empresa e hoje ele vem expandindo a parceria com outras associações e sindicatos. O que precisamos é estarmos atentos aos nossos negócios e mercado, sempre nos perguntando:

"Estou fazendo o meu melhor para vender mais?"

Percebe que, agora, você pode navegar em um oceano azul? Basta aplicar as estratégias ensinadas neste capítulo e, com certeza, aumentar suas vendas por meio de movimentos estratégicos.

> Não é preciso ter olhos abertos para ver o sol, nem é preciso ter ouvidos afiados para ouvir o trovão. Para ser vitorioso, você precisa ver o que não está visível.
>
> (Sun Tzu)

3

Vender preço ou valor: a diferença entre um campeão e os demais

O sonho de todo vendedor é ver seu cliente fechando o negócio, dizendo sim para sua oferta de produto ou serviço. Mas, todo vendedor sabe que antes terá que convencê-lo a pagar o preço. Seu desafio é fazer com que o cliente perceba que está investindo e não gastando na satisfação da sua escolha. Jamais deve vender preço. Seu foco deve ser vender realização de sonhos e soluções – valor

Andreia Gomes

Andreia Gomes

Empresária, *coach*, palestrante. Bacharel em administração de empresas, pós-graduada em gestão, MBA com extensão Internacional na University of Miami. Certificada em *coaching*, com especializações na área pela SBC Sociedade Brasileira de Coaching. É consultora em análise comportamental nos métodos *Via Professional* e DISC. Participou de cursos internacionais e nacionais com Brian Tracy, Martin Seligman, Tony Robbins, Fátima Doman, Ben Tiggelaar, Villela Da Mata, Flora Victoria, Rodrigo Cardoso, Profª Dra. Carla Tieppo. Com mais de 30 anos de experiência profissional, segue contribuindo para a construção de uma sociedade mais próspera e abundante, por meio de palestras, treinamentos e programas de desenvolvimento humano.

Contatos
www.grupokla.com.br/americana
andreia@grupokla.com.br
(19) 3628-2289
(19) 99702-3636

K.L.A. VENDAS

Quem dirá que uma criança não poderá ser um cliente potencial e exigente consumidor? Ou, ainda, que poderá ser decisiva na avaliação se o produto ou serviço vale o preço pedido pelo vendedor? Seu dinheiro, sua decisão de compra.

Todo preço pode ser medido, mas nem todo valor pode ser estimado. Quando um vendedor percebe a diferença entre uma e outra coisa, muda o modo de operar seu comportamento para "foco do cliente", ou seja, suas ações estão totalmente voltadas para tudo o que possa ser importante e valioso do ponto de vista do cliente.

Você vai conhecer uma história de dedicação e atendimento de encantamento, pela simples atitude de oferecer não produto ou serviço, mas a realização de sonhos, a solução de problemas e a prática de maximizar benefícios e resultados ao cliente.

João Ricardo, um garoto de nove anos, adorava sua bicicleta vermelha, com aros cromados e uma marca de raio amarelo brilhante, representando um personagem infantil veloz, ágil e campeão de pistas de corrida. Ele achava que a bicicleta representava adequadamente sua imagem – um corredor campeão nas pistas e radical nas suas manobras. Nutria por ela um enorme carinho por ter sido dele a iniciativa de compra aos quatro anos de idade e, ainda, comprada com suas próprias moedas. Sentia-se orgulhoso e não pretendia desfazer-se dela tão facilmente. Mas, estava crescendo e ela já não o permitia as manobras radicais com segurança e nem tampouco parecia mais tão veloz quanto antes, e temia que os garotos o achassem criancinha demais, por ter uma imagem de desenho animado. Percebeu que o fato de estar crescendo, inevitavelmente o separaria dela. Preocupou-se e se incomodou.

O problema se agrava à medida que o gosto de pedalar diário aumentava e, para piorar, os amigos haviam ganhado bicicletas novas, algumas mudavam até de marcha e pareciam ser confortáveis. Certo dia, acordou decidido a resolver a situação, contou suas moedas e descobriu que havia acumulado uma boa soma, cerca de R$ 347. Falou com seus pais sobre o problema e pediu ajuda para encontrar a nova bicicleta que deveria ter marchas e ser das cores laranja e preto, com aros cromados.

Foi em busca da realização de seu sonho. Pesquisou na *Internet* os modelos, achou lojas na sua cidade, que deveriam ter a bicicleta, notou que o valor seria suficiente e até lhe sobraria algum troco. Na companhia dos pais, foi visitá-las uma a uma.

Em cada bicicletaria ou loja de departamento que entrava, os vendedores o desanimavam dizendo que seria impossível achar uma bicicleta como descrevia, e o orientavam a tentar as opções existentes. Ou pior, apresentavam-lhe bicicletas com personagens de heróis irritando-o, afinal, não queria ser visto como criancinha. Já desanimado e quase convencido de que seria impossível encontrar outra bicicleta tão apaixonante quanto a sua, resolveu voltar na primeira loja onde o vendedor havia dito que "talvez" o dono pudesse fazer uma encomenda, o problema é que seria caro, conforme havia alertado o vendedor.

Marcos, o dono da bicicletaria, o atendeu com um largo sorriso e com um cumprimento estiloso, já de cara, elogiando seu boné, sem saber que era seu preferido e com uma palma animada soltou no ar uma pergunta: "para quem será a *bike*?".

Todo empolgado e de novo motivado, João Ricardo começou a falar da *bike* que procurava. Marcos colocou a mão no queixo e falou: "Cara, que *bike* maneira essa. Por que você quer ela e que tipo de manobras pretende fazer?". Enquanto o conduzia para os fundos da loja o ouvia atentamente.

Pegou uma bicicleta com marchas, porém, um pouco maior, e começou a reproduzir o que o garoto falava. Prestou todas as orientações necessárias para ajudá-lo a tomar a melhor decisão. Por alguns minutos, trocaram impressões e informações, concluíram juntos que não seria o modelo adequado para manobras e velocidade. Foi então que surgiu o modelo ideal e na cor que encantou o garoto, uma *bicicross* verde limão, com aros cromados e, o melhor de tudo, ela seria montada exclusivamente para ele.

Mas, veio a etapa da negociação e o preço, R$ 415. João Ricardo se surpreendeu com o preço. Deu uma longa olhada no quadro verde limão, depois se virou para o vendedor e disse: — Tenho R$ 320 agora para pagar à vista, o que você acha?

Os dois entraram num acordo e o vendedor aceitou R$ 370, com a promessa de em 15 dias entregar a bicicleta e só então receber seu pagamento. Negócio fechado!

Orgulhoso de si mesmo por ter feito um excelente negócio, o garoto sai da loja feliz, radiante, com a sensação de ter comprado a bicicleta dos seus sonhos por um "valor barato", em sua opinião, com a vantagem de que poderia ser sua para o resto da vida. Passou a chamar o Marcos de "O Cara". Três anos depois, vendedor e cliente continuam a fazer negócios juntos, mas agora como amigos.

João Ricardo pagou o preço da bicicleta, mas o que comprou foi o valor de realizar seu sonho.

Marcos recebeu o preço da bicicleta, mas o que vendeu foi o valor de realizar o sonho de seu cliente.

No momento em que preço e valor se equivalem ao mesmo peso para o cliente, a venda ou o produto e serviços foram vistos como algo fácil de ser encontrado, comum para ser valorizado e sem relevância alguma para ser mensurado. O vendedor deixou passar a oportunidade de conduzir a situação para benefícios, vantagens e soluções adequadas para seu cliente e, em algum momento, desistiu de fazer a diferença na decisão final de compra.

Nada se compara ao prazer de realizar sonhos ou de encontrar a solução ideal para o problema enfrentado. São coisas como essas que fazem o produto ou serviço perder a referência de preço e ganhar o valor inestimável. Valor pago nem sempre é o preço real que o produto ou serviço tem em sua etiqueta.

Essa é a hora em que o talento do vendedor se destaca e ele alcança o pódio. Torna-se um campeão! Não negocia preço, negocia valor e entrega satisfação.

Uma fórmula que facilita a compreensão do que Marcos fez vem da explicação de Philip Kotler, guru na área de *marketing*, em seu tão bem conceituado livro *Administração de marketing*. Nele, apresenta que valor percebido entregue ao cliente é a diferença entre a oferta total e o custo total (nisso inclui-se esforço de compra, envolvimento emocional, espaço físico, valor da marca do produto associada, serviço de atendimento, entre outros), toda essa avaliação do ponto de vista do cliente gera o resultado de sua satisfação pelo produto ou serviço oferecido.

A satisfação acaba sendo uma percepção muito particular de cada indivíduo, o vendedor precisa agir com sutileza para se apropriar do que é importante ao cliente, seu ponto alto de relevância e seu grau de expectativa. Quanto maior o valor total percebido pelo cliente, menor será o custo total envolvido para o cliente, portanto, a diferença entre eles será o resultado da sua satisfação.

No caso do João Ricardo, a bicicleta deveria ser veloz, com facilidade para manobras radicais, nada infantil e que o acompanhasse, mesmo durante seu crescimento. Logo, atender esses pontos seria satisfazê-lo e não necessariamente o modelo de sua busca.

Quando Marcos percebeu isso, usou de seu conhecimento técnico, suas habilidades e competências profissionais, para informá-lo sobre o que seria uma melhor opção e contribuir com sua decisão – uma bicicleta com quadro para manobras, feita para corridas. Ele aumentou a percepção de valor do seu cliente João Ricardo, não o subestimou pela idade e capacidade de compreensão, foi sensível as suas expectativas e honesto nas informações sobre o produto. Conhecia o produto, o mercado, suas aplicações e explorou isso para fazer o negócio.

Agindo dessa forma, aumentou o valor total para o cliente e diminuiu os custos envolvidos para o cliente, focou nos pontos que tinha controle e domínio absoluto, otimizando-os, como por exemplo, o de atendimento, envolvimento emocional e encantamento. Foi honesto e pontual nas informações, rápido na solução e soube concluir dentro de um preço que o cliente ficou disposto a pagar, porque viu mais valor na satisfação de compra do que os custos envolvidos a pagar.

O cliente compra para satisfazer suas expectativas, ele pagará o valor percebido que atender ao máximo suas expectativas e não se aterá ao custo total envolvido, por estar disposto a isso.

Uma das lições que se aprende quando se está numa família de feirantes é que até para se comprar uma banana, o cliente busca o saber, para escolher a melhor entre tantas, porque quer servir qualidade e saúde à mesa da sua família e receber elogios por sua dedicação.

Essa é a regra de ouro e sempre será, dar atenção e prioridade ao que é relevante e importante ao cliente.

Numa feira, podemos ver um campeão em ação com mais frequência. Ele chama o cliente pelo nome, oferece bandeja, sua ajuda, sorri e torna um ambiente estressante, movimentado e concorrido, em um lugar prazeroso, divertido e animado. Dificilmente um cliente atendido por um feirante campeão em vendas, sai da feira sem um sorriso no rosto, se gabando de ser exclusivo e ter vantagens em suas compras. E esse campeão, em sua humildade, reconhece que o cliente torna a carga mais leve, para ser transportada de volta, sua barraca já não tem tanto produto para ser carregado.

Michael Porter, em seu livro *Vantagem competitiva*, menciona que para toda empresa ter sucesso em seus negócios é preciso que todas as suas atividades estejam sendo realizadas com o mesmo foco, por toda equipe. O mais importante é o cliente perceber esse valor que a torna diferenciada e querer comprar o produto e serviço pelo valor percebido.

Uma vantagem competitiva precisa ser claramente comunicada ao cliente, e cabe à força de vendas, atuação direta e estratégica do negócio, para o sucesso de seus objetivos. E é aí que um vendedor campeão ganha reconhecimento e valorização de todos os envolvidos nesse processo. Portanto, deve ser sua primeira preocupação quando se compromete em representá-la, conhecer e ou querer aprofundar-se no entendimento de tudo o que a envolve e ao seu negócio.

O valor de uma empresa pode ser medido pelo significado que representa, e o papel do vendedor é tornar isso possível à percepção do cliente.

Um vendedor acima da média e reconhecido por ser um campeão em vendas precisa saber qual é a vantagem competitiva da sua empresa, o que seus produtos e serviços podem oferecer como solução e benefício, qual posição estratégica pretende ocupar no mercado, o que o cliente pode esperar da companhia.

O verdadeiro campeão em vendas doa ao produto ou serviço um brilho especial, transforma a apresentação em uma extraordinária comunicação, sua presença fundamental e desejável na vida do cliente, e sua participação no processo de vendas, uma influência aceitável e positiva na decisão de compra.

Toda venda se trata de prestar um serviço de qualidade, encantamento, solução e realização de sonhos. Ainda que se trate de uma venda de produto ou de prestação de serviço. Quando toda a empresa e a força de vendas percebe isso e se compromete com a realização, surge uma organização campeã que contribui para uma comunidade e uma sociedade mais prospera, por seu capital de valor.

Não importa, na venda, se o cliente já tem intenção de compra e predisposição ao produto que pretende comprar, ou se o comprador precisa de apoio para compreender e entender qual melhor produto ou serviço se encaixa na aplicação da sua busca, o desempenho do vendedor durante todo o processo de atendimento direcionará a negociação para preço ou valor.

Portanto, o conjunto de competências, habilidades e conhecimentos do vendedor, associado a todas as características potenciais do produto e serviço, são combinações perfeitas para que o campeão possa vender valor e não preço.

Jamais deixe de ouvir o cliente, de se interessar por ele e tudo o que lhe importa. Queira saber sobre suas preocupações, suas aflições, seus desejos e sonhos. Quanto mais for capaz de investigar as necessidades de seu cliente, maiores serão suas chances de participar de sua decisão de compra.

As técnicas de vendas, todas elas, são de extrema importância e correspondem a praticamente 20% ou 30% do processo de vendas, mas, certamente, todo o restante pertence ao comportamento do vendedor e de sua empresa, para que o processo finalize com a preferência de compra do cliente.

Quer ser um campeão de vendas? Quer vender valor e não preço? Fuja das disputas comuns de atendimento e faça valer cada minuto do cliente junto a você.

Seja útil a ele primeiro, para depois querer que ele lhe seja útil. Seja humilde e sirva ao cliente. Não seja um tolo a acreditar que lhe faz um favor, você lhe presta um serviço, então que seja extraordinário e inesquecível positivamente.

Uma crença que irá lhe reforçar o comportamento campeão e cravar valor percebido no coração de seu cliente é:

> "Não faça aos outros o que você não quer que seja feito a você."
>
> Confúcio

Venda valor e não preço, este é o comportamento de um campeão de vendas!

4

Técnicas de vendas: aprenda as melhores para ter mais sucesso

Em um mercado em que produtos e serviços estão muito parecidos em preço e benefícios, o grande diferencial está na qualidade do vendedor. O vendedor que estuda o mercado em profundidade, conhece as melhores técnicas de vendas, psicologia do cliente e sabe muito sobre seus produtos e serviços, sem dúvidas, possui uma grande vantagem sobre os demais

Augusto Lucena

Augusto Lucena

Treinador, empresário, escritor, consultor e especialista em vendas. Distribuidor de conteúdo empresarial com expertise de 21 anos, possui contato direto com equipes comerciais em diversas cidades do Brasil. Nos últimos 18 anos tem contribuído com programas de treinamento e educação de vendedores e líderes de vendas por meio de palestras, seminários, cursos, *workshops*, congressos e consultoria para centenas de empresas e milhares de profissionais em todo território nacional. É coautor dos livros - *Vendas e atendimento* (Editora Leader) e *Vendas – A chave de tudo* (Editora Literare Books). Além de autor de dois DVDs sobre os mesmos temas. Atualmente, dirige o Grupo K.L.A. Internacional no estado de Sergipe, onde se tornou uma grande referência no que diz respeito a treinamentos empresariais e distribuição de conteúdo para micro, pequenas e médias empresas. Atua também como palestrante licenciado na Escola de Vendas e Negócios K.L.A., considerada na atualidade a maior e melhor escola para formação de vendedores, líderes e gestores de empresas do País.

Contatos
www.augustolucena.com.br
augusto@augustolucena.com.br
Instagram: augustolucena
Facebook: augustolucena
(79) 3041-4182
(79) 99879-1977

Técnicas de vendas: aprenda as melhores para ter mais sucesso

Muitas vezes, as pessoas não se dão conta disso, mas a atividade de vendas, apesar de muito focada na intuição e no relacionamento, deve ser pautada por uma série de técnicas e boas práticas que realmente funcionam.

Várias delas, na verdade, são aplicadas por vendedores experientes no cotidiano, às vezes de forma intuitiva. Mas, por que não se debruçar melhor sobre essas técnicas que verdadeiramente funcionam e usá-las com mais consciência e assertividade?

Campeões de vendas são pessoas muito disciplinadas. A sua grandeza se dá, em grande parte, pela sua disciplina. Eles entendem que vencer uma discussão é perder uma venda. A venda é ganha quando você tem real preocupação com a outra pessoa. Você tem que mover a pessoa em sua direção, estando sempre do mesmo lado da mesa. Todos nós estamos constantemente vendendo ideias, para sermos bem-sucedidos. Hoje, precisamos entender como desenvolver estas habilidades.

É preciso estar em sintonia com o novo comprador, saber lidar com a objeção e a rejeição, ajudá-lo a ter clareza para fazer a melhor escolha. Transparência e honestidade são cada vez mais exigidas no novo mundo onde o vendedor deixou de ser um guardião do conhecimento e passou a ser um curador de informações. Saiba focar nos benefícios de seus produtos ou serviços que atendem às necessidades do cliente. Mostre o valor das soluções oferecidas na resolução de problemas específicos. Isso é o que chamamos de construir valor para o cliente.

Entenda o que o cliente compra

Todo produto ou serviço tem características, vantagens e benefícios. Mas as decisões de compra do cliente sempre estarão focadas nos benefícios. Você precisa conhecer todos os elementos de seu produto antes de focar nos benefícios para o cliente. Veja:

Características:

Atributos e particularidades de um produto ou serviço apresentadas em detalhes.

Vantagens:

Mostram como diferenciais de seu produto ou serviço podem ajudar um cliente.

Benefícios:

Agora acertamos o alvo: os benefícios mostram como as características ou vantagens podem atender às necessidades e resolver um problema específico expresso por seu cliente. Clientes procuram benefícios, não características ou vantagens.

Foque sempre no benefício

É aqui que está o pulo do gato! Você precisa identificar no seu cliente um problema específico que as vantagens e características de seu produto podem solucionar. Aí sim, isso se torna um benefício que traz valor para ele!

Veja os exemplos:

Característica: nosso produto utiliza tecnologias modernas de última geração.

Vantagem: essas tecnologias de última geração trazem muito mais agilidade e assertividade ao usar nosso produto.

Benefício: com toda tecnologia embarcada em nosso produto, essa questão da demora e falta de precisão para emissão de notas fiscais será totalmente resolvida. Pronto: agora seu cliente enxergou o benefício que seu produto pode trazer para ele ao resolver um problema que ele realmente tem!

Lembre-se: os clientes irão comprar o que o seu produto ou serviço irá proporcionar para eles, e não o que o seu produto de fato é.

Possíveis valores de um benefício

Tente entender do seu cliente o que ele precisa fazer na empresa dele e qual problema é preciso resolver. Para isso, use as seguintes perguntas e descubra como seu produto pode agregar esse valor para seu cliente:

Como meu produto ou serviço pode economizar tempo, energia ou dinheiro para o meu cliente? Como meu produto ou serviço pode proteger investimentos, sua própria operacionalidade ou o patrimônio do meu cliente? Como meu produto ou serviço pode minimizar riscos, gastos ou problemas do meu cliente? Como meu produto ou serviço pode melhorar a imagem, o relacionamento ou a notoriedade do meu cliente? Como meu produto ou serviço pode aumentar o lucro, a satisfação ou a confiança do meu cliente? O que meu produto ou serviço pode fazer para trazer mais clientes para o meu cliente? O que meu produto ou serviço pode fazer para atender, satisfazer e reter mais clientes do meu cliente?

A sacada mais inteligente no mundo das vendas é colocar dinheiro de alguma forma no bolso do seu cliente. Para entender isso em profundidade, e principalmente procurar sair de uma vez por todas da posição de vendedor ou de gerente de vendas, é necessário dedicação. Ao partir para a posição de um conselheiro, seus resultados irão ser transformados imediatamente.

O que faz um conselheiro? Ele não vende, apenas aconselha ou orienta na melhor decisão para servir ao cliente. E quando você faz isso, o que acontece? O cliente acaba comprando normalmente de você, pois sentiu toda segurança e confiança necessárias durante o atendimento.

Estes são apenas alguns exemplos de valores que transformam vantagens em benefícios. Mas, se mesmo assim seu cliente apresentar objeções, fique calmo, existe mais uma técnica de venda e atendimento que pode ajudar você. Confira:

Identificando e destruindo as objeções

Para começar, é preciso identificar o que é uma objeção e diferenciá-la de uma rejeição. Quando o cliente simplesmente rejeita seu produto ou serviços, é preciso repensar toda a estratégia. Não vai adiantar insistir e transformar sua venda em um confronto: a rejeição só vai aumentar!

A dica é: se for uma objeção, tente contorná-la mostrando valor. Se for uma rejeição, recue momentaneamente. A diferença é a seguinte: uma objeção tem um motivo. Por exemplo, um cliente diz que não compra seu *software* porque a equipe de vendas não está treinada para usá-lo. Neste caso, você não deve atacar a objeção em si, mas o motivo: falta de treinamento. E mostre como sua empresa pode resolver isso para ele.

No entanto, quando o cliente simplesmente rejeita seu produto ou serviço, sem dar um motivo, não há como fazer isso.

As objeções de vendas mais comuns sempre podem ser contornadas. Estou listando cinco delas e damos todas as dicas de como fazer isso de forma prática e efetiva. Vale a pena lembrar que toda e qualquer objeção deve ser devolvida ao cliente em forma de pergunta. Lembre-se: quem domina uma negociação é sempre quem pergunta e não quem responde.

1 - Não tenho dinheiro

Essa é a objeção número um, justamente por ser complicada

de refutar. O primeiro passo é não parecer desanimado. Você deve transparecer honestidade ao querer ajudá-lo e não é o dinheiro ou a falta dele que abalará sua confiança.

Continue dialogando normalmente para não dar forças a esse tipo de objeção. Uma boa tática é tirar o foco da questão do dinheiro, dizendo, por exemplo: "suponhamos que esse não seja um problema, você consegue enxergar os benefícios do nosso produto para a sua empresa?"

É claro que aqui cabe o bom senso. Se ele não tem dinheiro hoje, pode ser que receba um investimento em alguns meses e lembre-se da sua empresa.

2 - Preciso de tempo para pensar

Um dos mais conhecidos exemplos de objeções em vendas é quando um contato diz que precisa de tempo para pensar. Nesse período, existe uma grande possibilidade de ele ter muitas dúvidas acerca do seu produto/serviço ou até mesmo da sua empresa.

Sem colocar muita pressão, questione-o sobre possíveis dúvidas, incentive a leitura de materiais ricos e cases de sucesso. Utilize exemplos e entenda sua realidade. Pode ser que com um pouco mais de informação ele mude de ideia e decida fechar o contrato!

3 - Não sei se a diretoria aprova a ideia

Neste caso, é preciso cuidado. Você não pode parecer ansioso e querer passar por cima de tudo, inclusive do próprio contato para fechar a venda. A pessoa está claramente insegura e não quer colocar sua carreira na berlinda por um determinado produto ou serviço.

Assim como o "tempo para pensar", esse potencial cliente precisa de informações. Jogue no time do seu contato, afirme que trabalharão juntos e que você fornecerá todas as informações que ele precisar para convencer a diretoria, afinal seu produto/serviço o ajudará muito no dia a dia. Outra tática importante é tentar descobrir qual o medo específico da diretoria para atacar diretamente na ferida!

4 - Seu concorrente tem um preço menor

Se essa é uma verdade, você provavelmente já tinha conhecimento disso. Portanto, esse é um daqueles exemplos de objeções em vendas para o qual deve estar preparado. E se não sabia desse fato, está mais do que na hora de encomendar uma boa pesquisa de mercado.

Aqui, o melhor é focar no custo-benefício do seu serviço ou produto. Evite falar mal do concorrente, foque na sua própria empresa e nas características que justificam um investimento mais elevado, como: qualidade, experiência de mercado, usabilidade etc.

Muito cuidado ao conceder descontos nesses casos, por mais que seja tentador. Você pode estar rebaixando o seu produto e acabar enfrentando dificuldades no futuro. A empresa deve ter uma política para conceder descontos e ela deve sempre ser seguida!

5 - Estou satisfeito com o serviço/produto que utilizo

Qual vendedor nunca ouviu essa objeção antes? Sim, é bem provável, pois este é outro dos exemplos de objeções em vendas mais comuns. Uma boa maneira de contorná-la é surpreender seu contato com a oferta de um *trial* ou *demo* do seu produto, para que ele possa efetivamente testá-lo sem gastar nenhum centavo e, aí sim, tomar sua decisão.

Ofereça todas as informações que ele desejar e também um suporte completo, para que a experiência com o demonstrativo do produto seja tão agradável a ponto de fazê-lo mudar de ideia!

O poder da imaginação como técnica de vendas

Existe uma palavra muito poderosa em vendas, que se usada corretamente, aumentará suas chances de vender. É uma palavra tão forte que tem o poder sobre a vontade dos homens, pois atua diretamente sobre o subconsciente quando a ouvimos.

É a palavra "imaginação" e seus derivados. Quando um vendedor diz a um comprador alguma frase que contenha a palavra "imagine", automaticamente, como num passe de mágica, o cliente começa visualizar a cena em questão, o que, sem dúvida nenhuma, torna-se mais fácil de convencer o cliente a comprar. Para provar a força desta palavra, vou propor um teste. Agora, tente brecar e não imaginar o texto abaixo:

Tente não imaginar você com a chave da sua residência nas mãos, não imagine abrindo a porta da sua sala, não imagine sua sala, não imagine você caminhando até a cozinha, não imagine você com a mão em sua geladeira, tente não imaginar você abrindo-a, não...

Veja, se com apenas algumas palavras eu provavelmente consegui entrar na sua casa e abrir sua geladeira, imagine (sem falso trocadilho) como esta técnica poderá ajudá-lo em suas entrevistas de vendas.

Portanto, sempre que possível, faça os clientes imaginarem seus problemas, suas necessidades e seus desejos solucionados com a compra de seus produtos ou serviços, com frases do tipo:

- Imagine você chegando em casa com esse produto e todos o admirando!
- O Sr. já imaginou esse produto girando rapidamente em seu estoque e aumentando seus lucros?

- Imagine, por um instante, esse produto funcionando bem sem problemas!
- Imagine seu telefone tocando e os clientes querendo comprar de você!

Faça o cliente imaginar e, com o poder da imaginação, venda mais.

Foco na geração de valor e não no preço

É claro que o vendedor de sucesso deve saber negociar, oferecer o preço certo, entrar com descontos e promoções quando for necessário e encaixar sua proposta no orçamento do cliente. Todos esses desafios estão presentes no cotidiano do time de vendas, mas eles não definem o campeão de vendas. Faça o exercício de não tocar no assunto de preços até que ele seja indispensável para fechar um negócio. Quanto mais longe chegar sem mencionar valores, mais eficiente e inteligente terá sido o processo de vendas. Isso porque o processo do vendedor moderno tem outro foco: gerar valor real para o cliente.

Mantenha a conversa longe do dinheiro, focando nos benefícios do seu produto ou serviço. Com isso, quando você abordar o assunto "preço", o cliente vai considerar as diversas outras variáveis do seu serviço. A partir daí, todos os envolvidos estarão mais seguros para tratar das transações financeiras. Uma parte vai confiar muito mais na outra e mais negócios serão fechados (mais facilmente, também), pode ter certeza. Na etapa de pesquisa sobre o negócio do cliente, mapeie as áreas da empresa e como você pode oferecer soluções para os problemas delas. Entenda quem são os maiores interessados e afetados, trabalhe esses pontos em sua apresentação para essas pessoas. Passe por cada decisor mostrando a ele suas vantagens, de forma direta e pessoal.

Garanta ter um conhecimento especializado, não somente sobre o cliente, mas sobre todos os possíveis envolvidos na venda que quer fechar. Eles confiarão em você e acreditarão no suporte que os está oferecendo.

A humildade é a chave do sucesso nas vendas e na vida

Grandes vendedores têm a consciência de que nada sabem. Essa é a grande verdade que permite que diariamente eles se abram a novas coisas: novas oportunidades, pessoas, propostas e vendas.

É reconhecer que, mesmo tendo a sua reputação, sendo um especialista, ou tendo uma sede enorme de conhecimento, ainda existem muitas coisas que ignoramos e, por isso, podemos aprender a qualquer momento. A qualquer momento pode surgir alguma coisa que coloque por terra todas as nossas verdades absolutas. Por isso, não sabemos de nada, apenas achamos que sabemos, até que algo mude a realidade como conhecemos. Vamos para cima...avante e venda!

5

Conselheiro dos clientes: o diferencial na arte de criar bons relacionamentos

Nossos clientes necessitam, e muito, do auxílio de nós vendedores. É fundamental que haja um acompanhamento bastante próximo. Neste capítulo, você saberá como aproximar-se deles para, assim, fechar mais negócios e deixá-los satisfeitos

Cesar Galindo

Cesar Galindo

Palestrante, escritor, bacharel em Direito e empresário. Autor do livro *Como obter sucesso nas vendas*. Licenciado e instrutor da Escola de Vendas K.L.A. Cesar Galindo tem ajudado equipes a bater suas metas de vendas, o que no mundo atual é um grande desafio nas empresas.

Contatos
www.cesargalindo.com.br
cesargalindo@cesargalindo.com.br
(18) 99722-5451 (*WhatsApp*)

— Ele quebrou!!!

— Mas, como assim?

— Impossível, o Sr. Campeão das Vendas não pode ter tido um final tão trágico.

— O que houve?

— Pois é, há pessoas que jamais imaginamos que iriam se dar mal nos negócios e, quando menos se espera, estão aí, na lista dos "fracassados".

— Difícil é entender como isso pode ter ocorrido com o "Imbatível Sr. das Vendas", ele que sempre teve, disparado, os melhores resultados entre todos os concorrentes do seu segmento.

O pior é que histórias como a desse "super vendedor" são mais comuns do que imaginamos.

Mas, como ocorreu isso?

O Sr. Campeão chegou a um estágio em que as coisas começaram a ficar automáticas, os clientes enviavam pedidos por *e-mail*, ele os retransmitia a sua empresa, e tudo caminhava dentro da normalidade.

Pelo fato de tudo estar indo muito bem, ele achou por bem diminuir as visitas, demorava a responder mensagens, e passou a agir na base do "vai assim mesmo".

Nossos clientes necessitam, e muito, do auxílio de nós vendedores. É fundamental que haja um acompanhamento bastante próximo.

Ocorre que nosso personagem não se atentou a isso, só que seus concorrentes, sim.

Quanto mais ele se afastava dos clientes, mais espaço sobrava para a concorrência se aproximar.

No mundo onde "ganhar dinheiro" se tornou muito difícil, os concorrentes passaram a ser conselheiros dos clientes do agora, Sr. Ex-Campeão.

Quando meus alunos me perguntam qual a técnica de vendas mais poderosa a ser desenvolvida por um profissional, eu digo que não há uma técnica que se sobreponha às outras.

Nesse universo chamado "vendas", desde a abordagem, até o fechamento, todas as técnicas são importantes.

Agora, se você me perguntar quais as maiores lições que eu trago, nos mais de 33 anos de experiencia, eu direi que é a da certeza de que a pessoa compra primeiro a você, depois seus produtos ou serviços.

"Mas, o que isso quer dizer, Cesar?"

Vamos lá!

A isso damos o nome de "a venda antes da venda", eu me vendo, depois vendo meu produto.

Acredito que nenhum de nós tenha dúvidas de que a sustentabilidade da carreira de um profissional de vendas esteja diretamente ligada à capacidade em se relacionar com as pessoas e, de preferência, que esses relacionamentos sejam duradouros.

Como é que nós fazemos para nos relacionarmos por muito tempo com nossos clientes?

A partir do momento que os mesmos não nos enxerguem apenas como vendedores, e sim como alguém que quer ajudá-los a tomar as melhores decisões.

Provavelmente, você deve estar pensando o seguinte: será que isso funciona mesmo? Como posso utilizar na prática?

Vamos lá!

Deixe-me lhe contar o relato de um empresário, cliente meu.

Encontrei com esse cliente, e ele me disse o quão impressionado e satisfeito estava com os resultados de um vendedor dele, que fez a Escola de Vendas K.L.A..

Disse-me que, em pouco tempo, as vendas cresceram mais de 80%.

Fiquei muito feliz, e o questionei, perguntando se houve algum ponto em especial, para que seus números tivessem um crescimento tão significativo, e em tão pouco tempo.

Ele disse que o rapaz sempre foi um ótimo profissional, e que havia aproveitado muitas das dicas passadas durante o curso, mas uma parte em especial foi determinante para o aumento das suas vendas.

Isso se deu quando esse representante passou da condição de vendedor, para conselheiro.

O empresário resolveu acompanhar seu colaborador em algumas visitas a clientes, para entender melhor como a coisa funcionava.

Eles atuam no segmento de filmagens e fotografias para casamentos, formaturas, entre outros.

A mudança ocorreu mais ou menos assim. Quando o vendedor estava em uma negociação, em que quase todos os argumentos já haviam se esgotado, onde o cliente ainda não estava plenamente convencido, ele dizia:

— Olha, eu desejo o melhor para a sua festa, e quero pedir licença para "orientá-lo" sobre como fazer a melhor filmagem para seu evento, sem que você corra riscos.

Imagine você, caro leitor, o quanto isso não gera de credibilidade.

Segundo esse meu cliente, dificilmente seu vendedor perdeu uma venda, depois que passou a utilizar a palavra "orientar" com mais frequência.

Portanto, passe você, também, a utilizar com mais frequência a palavra orientar, pois comprovadamente ela vende, e vende muito.

Quando seus clientes percebem seu sincero interesse em andar "lado a lado" com eles, quebra-se a barreira vendedor/cliente, pois, a partir daí, inicia-se o processo do termo tão batido, mas muito importante, que é o "ganha-ganha".

Nesse processo, não há mais vendedor, tentando vender, e cliente se defendendo.

A partir daí, a sensação do cliente é de que são duas pessoas em busca do mesmo objetivo, que é encontrar o produto ou serviço mais adequado.

Você ainda não está convencido?

Procure lembrar-se de um vendedor que apenas quis lhe vender a todo custo um produto, sem se importar com os benefícios que o mesmo iria lhe proporcionar.

Você já entrou em alguma "fria" por conta desse tipo de comportamento de "embrulhões"?

Pois é.

Você tem vontade de voltar a comprar com essa pessoa?

Você tem coragem de indicar?

Agora, lembre-se de algum vendedor que o ajudou muito com uma orientação, ou até mesmo evitou que você fizesse um mal negócio.

Nem sempre nossos clientes irão precisar comprar com a gente de novo e, nesses casos, qual a forma que eles terão de nos retribuir?

Eles farão questão de nos retribuir indicando amigos.

Quer conhecer uma das melhores maneiras da aprender a ser um orientador?

Saia para comprar.

Perceba quem quis apenas lhe vender, e quem realmente se preocupou em orientá-lo.

Quando somos mal atendidos, muitas vezes, ficamos indignados, e nos perguntamos: como é que uma pessoa dessa pode trabalhar com vendas? Como é que uma empresa admite ter um vendedor tão "sem noção"?

Para que isso não ocorra com você, quero lhe fazer mais uma sugestão, mas antes lhe pergunto: você conhece o poder do autoquestionamento?

Normalmente, quando pergunto a um vendedor o porquê de ele

não vender mais, as respostas já vêm prontas. Ou é porque o mercado está retraído, seus preços estão acima da média, os concorrentes fazem loucuras, enfim, sempre há justificativas.

Dificilmente encontro pessoas que me respondem: pois é, boa pergunta. É muito importante você se questionar, poderia estar "fazendo diferente".

Por isso, eu proponho a você se perguntar: quando eu atendo ou visito um cliente, eu apenas tento ou eu o oriento a tomar as melhores decisões?

Lembre-se de que a palavra "orientar" é uma palavra que vende muito, por isso, está na hora de mudar sua postura mental e saber que quem apenas vende é só mais um, e que os verdadeiros campeões de vendas orientam.

Você orienta ou apenas vende?

Toda ação que praticamos repetitivamente torna-se um hábito, por isso, eu o aconselho a ter a atitude mental de orientar, ao invés apenas de vender.

Eu acredito que "todos", ou "quase todos" os segmentos necessitam de orientadores e, se por ventura você for uma dessas pessoas que orientam, ao invés de apenas vender, irá estar em grande vantagem sobre seus concorrentes e o contrário também é verdadeiro.

Quando você muda sua postura mental, a partir do momento em que se torna conselheiro dos clientes, sua credibilidade aumenta muito.

Sempre que falo a palavra "credibilidade", vem a minha mente "crédito".

Imagino que você já tenha visto aquelas fichas de movimento do caixa, de conta corrente, utilizadas em contabilidade.

Há três colunas, débito/crédito/saldo. Subentende-se que para cada crédito haja um débito, portanto, esteja sempre em crédito, esteja com seu saldo positivo, tenha mais a receber do que a dar.

Essa sua postura irá incentivar as pessoas a estarem dispostas a recompensá-lo por aquele "algo mais" que você faz por elas.

Acredite sempre na "lei do retorno", essa sim é infalível.

O verdadeiro profissional, aquele que não enxerga somente "um palmo além do nariz", preocupa-se no que de positivo está entregando ao mercado.

Eu atuo há mais de 30 anos no segmento de móveis para escritório.

Em uma determinada ocasião, entrou em minha loja uma senhora à procura de cadeira para utilizar no seu escritório.

Depois do "quebra gelo" inicial da abordagem, ela me disse que era advogada, e que gostaria de adquirir uma cadeira igual a de um colega dela, que havia comprado conosco.

Entrei no cadastro do referido advogado e constatei que a tal cadeira era muito alta, desproporcional à estatura daquela senhora.

Vi-me em uma verdadeira "saia justa".

Eu, que sempre fui conselheiro para os meus clientes, como iria dizer àquela mulher que ela era "baixinha" para o modelo de cadeira?

Com muito jeito, eu disse a ela, que segundo a recomendação do fabricante, o modelo daquela cadeira era para ser utilizado por pessoas acima de 1,75m de altura (ela media no máximo de 1,55m).

Minha cliente insistiu que queria levar mesmo assim. Quando eu digo para ajudarmos os clientes a tomarem as melhores decisões, não estou falando em decidir por eles, nada disso, a decisão final tem que ser deles.

Diante da convicção daquela senhora, não me restou outra alternativa a não ser fechar o negócio. Passados uns quatro meses, essa mulher retornou a minha loja, dizendo que queria comprar outra cadeira, pois realmente não havia se adaptado ao tamanho desproporcional da mesma.

Eu a atendi de forma muito profissional, jamais quis mostrar a ela que eu tinha razão na primeira vez. Pelo contrário, compartilhei da dor dela, e disse que no lugar dela eu talvez também tivesse tomado a mesma decisão, pois "sonhos são sonhos".

Vendi outra cadeira, mais adequada.

Fechada essa segunda negociação, ela me confessou uma coisa. Que só voltou a me procurar, porque eu tentei alertá-la, pois havia ido em uma outra loja, e o vendedor falou que aquela cadeira era ideal para ela trabalhar.

Sabe, esses episódios confirmam que os vendedores que se preocupam em ajudar, auxiliar, orientar, sempre serão beneficiados.

No próximo atendimento seu, pense em como poderá orientar seus clientes.

A você que teve a atitude de campeão, lendo este livro, espero ter contribuído de alguma forma com meu artigo.

Que as minhas orientações ajudem você a ter ainda mais sucesso na sua carreira.

Grande abraço!!!

6

Como vender por telefone: dicas e técnicas para fechar mais negócios por meio desta ferramenta

No ano de 2006, com apenas 15 anos, fui convidada, compulsoriamente, a fazer um curso de telefonista. Nunca imaginei que, um dia, as técnicas de vendas por telefone seriam minha paixão. Acredito que quando gostamos de algo e somos reconhecidos por isso, é o momento certo de começar a passar adiante. Neste artigo, compartilho histórias e dicas para inspirar você, leitor, e sua equipe, para fecharem mais negócios pelo contato telefônico

Daniela Bagattini

Daniela Bagattini

Com mais de dez anos de experiência em comunicação por telefone. Desde 2012 liderando uma equipe de vendas, que trabalha exclusivamente por telefone e *e-mail*. Formada em direito pela Universidade do Sul de Santa Catarina, onde além de confirmar minha adoração por comunicação, me fez perceber que tudo é venda. A construção de uma peça jurídica é venda pura, com técnicas e estratégias para chegar ao objetivo final.

Contatos
daniela@grupobagattini.com.br
daniela@grupokla.com.br
(48) 99982-1478
(48) 3035-1044

Se paixão pelo que se faz é um dos passos para o sucesso, auxiliar as pessoas a desenvolverem suas habilidades, pode ser determinante para o sucesso do seu negócio. Perceber que somos bons em algo, faz com que desempenhemos nosso trabalho de maneira muito superior, a quem simplesmente faz por ser obrigado a fazer.

Quais são as suas habilidades? Quais são as da sua equipe?

Nunca imaginei que as técnicas por telefone seriam minha paixão, conto um pouco da minha história para você entender o porquê.

Quinze anos, escola de alto padrão, 1° do ano do ensino médio e início da preparação para o vestibular. Eu, assim como a maioria dos meus colegas, não sabia o que queria ser quando crescer. Minha maior preocupação era tirar boas notas e passar de ano. Fazer o que chamavam de "essa é no mínimo sua obrigação, você só faz isso da vida".

A maioria dos pais, nessa época, começam a indagar os filhos sobre "qual curso você quer fazer?", ou "paguei escola particular para você passar na Universidade Federal". Colocam pressão em cima do adolescente, sem auxiliá-lo nessa importante decisão. Mas, você já pensou em quão mais benéfico seria se você, pai, prestasse atenção nas habilidades do seu filho? No que ele faz bem? Parasse de se concentrar nos déficits e se perguntasse: "no que meu filho(a) é bom? "Como posso ajudar ele a se desenvolver?".

Eu não sabia qual faculdade cursar, não sonhava ser "isso ou aquilo", mas uma coisa era perceptível: meu gosto e habilidade em me comunicar. E nesse ponto da minha vida, meu pai, meu mentor, me inscreveu compulsoriamente num curso de telefonista e foi aí que o famoso "o que eu serei quando crescer" teve início.

Confesso que detestei a ideia e a ficha demorou a cair. Foi após o curso, que eu entendi aonde o meu pai queria me levar.

Minha vida profissional se iniciou aos 17 anos, numa das empresas da família, no setor de confecção, meu trabalho era ligar para os clientes para saber o porquê não compraram a coleção atual e agendar visitas. Esse foi meu primeiro desafio, nas ligações onde eu ouvia as reclamações dos clientes, seja da fábrica, da entrega ou dos vendedores, onde eu mais aprendi. O cliente quer que você se preocupe com ele! Por causa da minha ligação, simpatia, experiência no setor, comentários inteligentes, e capacidade em ouvir o cliente, eu revertia inúmeros "nãos" em agendamentos de visitas.

Depois de trabalhar "como apoio em vendas", chegou a hora de trabalhar "como vendedora", minha segunda experiência profissional foi trabalhar no varejo, numa loja de confecções. Além de aprender sobre vendas e atendimento, me ensinou duas coisas importantíssimas.

1) Credibilidade: na vida profissional, há momentos em que não importa quem você acha que é, de que família você é, que condição financeira você tem... As suas experiências podem ser "boas ou ruins", dependendo da credibilidade que você transmite às pessoas. E eu fui começar a perceber isso, na prática, em todas as vezes que as clientes classe A da loja onde eu trabalhava chegavam e passavam direto por mim, com certo olhar de superioridade e desprezo, ignorando até o meu "bom dia" e iam direto falar com a gerente.

Nesse momento, meu pai e meu mentor, sabendo que isso poderia acrescentar na minha vida, me trouxe mais uma lição: "suas ações definem quem você é, e as pessoas não o compram de cara. Você precisa aparecer, você precisa gerar credibilidade com sua aparência, com sua postura, com sua comunicação. Faça comentários inteligentes, impressione. Daniela, você precisa agregar a vida delas, antes de ter a confiança delas".

E foi aí que mudei completamente meu comportamento. Comecei a vestir peças da loja, comecei a fazer comentários ao lado da gerente, enquanto elas escolhiam determinadas peças, comecei a ler revistas sobre moda, comecei a me tornar especialista no ramo em que eu estava atuando. E foi após essa mudança de postura que comecei a ganhar a confiança delas e ser reconhecida.

2) Humildade: o segundo acontecimento que marcou minha vida nessa experiência profissional me fez aprender, na prática, algo que sempre ouvi dos meus pais. Humildade.

Minha gerente me chamou, às 11h da manhã, horário em que o calçadão do centro de Florianópolis fica lotado, e disse:

— Daniela, ontem à noite dormiu um mendigo em frente à loja, e preciso que você prenda seu cabelo, pegue essa luva e esse balde e limpe o local.

Como disse no item 1, não importa quem você acha que é, o mundo traz lições que você só passa a entender depois de algum tempo.

Você deve estar se perguntando que sujeira havia no local. Eram as fezes do mendigo. Bom, nem as fezes do meu cão eu juntava, imagina juntar fezes de um mendigo, em pleno calçadão, com pessoas me olhando. Isso era uma humilhação para mim. Eu não precisava estar trabalhando naquela loja, se não fosse pelo aprendizado, nem do salário eu precisava, meu pai pagava até o meu almoço. A única coisa que me passava pela cabeça naquele momento era: "eu não preciso me humilhar assim, o que eu estou fazendo aqui?".

Hoje eu entendo todos os "nãos" que eu recebi do meu pai, quando pedia a ele para sair do emprego. Sei como meu pai foi esperto em me colocar lá, mas principalmente em não me deixar sair de lá, ele sabia que o maior aprendizado que eu precisava, na época, era humildade. Sempre ouvi do meu pai que na vida ou aprendemos pelo amor ou pela dor, e essa eu aprendi pela dor, e garanto a vocês, valeu a pena!

O caminho para crescer profissionalmente envolve conhecimento, habilidade e ação, sim, mas se não tivermos humildade, como podemos repassar nossos conhecimentos a alguém? Após essa lição, chegou o momento de minha terceira experiência profissional.

Em fevereiro de 2012 tive a oportunidade de ir a São Paulo e conhecer a maior empresa de educação empresarial do Brasil, a K.L.A. Identifiquei-me com o mundo do conhecimento, e com a missão do diretor e fundador Edílson Lopes e, naquele momento, constituímos uma unidade da K.L.A. em Florianópolis.

Já são sete anos de experiência profissional, trabalhando e liderando uma equipe que trabalha com vendas por telefone. E uma coisa que eu sempre digo é que para fechar mais negócios por telefone, você deverá atentar-se aos detalhes, são esses que vendem e são esses que vou apresentar a você neste artigo.

Vou considerar que você já sabe que gostar de fazer ligações, simpatia, entusiasmo, persistência, habilidade em comunicação, são itens básicos e sua equipe precisa ter essas características. Acredito que fugir de um atendimento automatizado também seja outra característica importante. Vamos trabalhar a personalização e a humanização em nosso relacionamento com o cliente.

A partir de agora, ao ler as histórias e dicas, imagine o seu negócio, e aconselho você a ir anotando as dicas e *insights* que poderá ter ao longo desta leitura, para colocar em prática rapidamente.

1) A primeira ação que devemos realizar antes do contato com um prospecto é uma das etapas mais puladas pelos vendedores, que é o planejamento antes da ligação.

Responda a estas perguntas:

1. Qual o segmento da empresa que vou ligar? Comércio, indústria ou atacado?

2. Já tenho clientes do mesmo segmento? Ou concorrentes? Quem são?

3. Está acontecendo algo positivo ou negativo no segmento deste prospecto?

4. Vou falar com o tomador de decisão? Ou não?

5. As tabelas de preços e demais informações sobre meus produtos estão ao alcance das minhas mãos?

Feito isso, vamos ao contato com o cliente:

2) Diga seu nome de forma clara, a empresa que você representa, muito bom dia, e o motivo do seu contato! Vá direto ao assunto, as pessoas não têm tempo a perder.

3) Quando você não conhece o prospecto, evite perguntar se está "TUDO BEM", mostre objetividade e não faça perguntas por mera convenção. Além de tomar tempo de quem responde e de quem pergunta, força uma intimidade que ainda não existe. Pense em trocar por:

"Olá Cláudia, sou a Daniela da Empresa K.L.A., muito bom dia! Você tem um minuto? Minha ligação será rápida e o motivo da minha ligação é...".

4) Explique com breves palavras o seu objetivo, e para iniciar o processo de venda, faça uma ou duas perguntas e inclua pelo menos um comentário inteligente!

5) Entenda a realidade do cliente, se você se planejou bem e sabe fazer comentários pertinentes sobre o negócio do seu prospecto, esse é um ótimo momento.

"Cláudia, li em janeiro que as férias de verão de 2018 mostraram o início de uma recuperação no seu setor. Segundo a reportagem no G1, após a crise o Turismo será um dos primeiros setores a decolar."

6) Pode ser que o cliente lhe peça informações por *e-mail*, por exemplo, então tenha um material objetivo para encaminhar e tenha também algo para enviar pelo *WhatsApp*, vídeo com depoimentos de clientes, ou vídeo rápido de apresentação. Com isso, aproveite o gancho e diga: "irei enviar-lhe por *e-mail*, mas temos também um material pelo *WhatsApp*, posso enviar-lhe em ambas as formas?".

Assim você consegue o celular do prospecto, sem agir de maneira invasiva, ou mesmo que você já tenha, consegue neste momento autorização para enviar informações.

7) Feito isso, combine o próximo contato: "Posso ligar para você na terça-feira, neste mesmo horário, para definirmos quanto ao desenvolvimento da sua equipe?" "Você prefere que nosso contato continue pelo telefone ou podemos usar o *WhatsApp*?".

Ao enviar as informações, escreva: "retorno o contato no dia tal, conforme combinamos, mas qualquer dúvida, não deixe de me procurar".

8) Ao retornar o contato, conforme agendado sem sucesso, envie uma mensagem de *Whatsapp* ou até um *e-mail*: "Cláudia, entrei em contato com você hoje, porém não obtive sucesso. Tomei o cuidado de lhe enviar este *e-mail*, para não deixá-la sem retorno, pois combinamos de retomar o assunto na data de hoje. Informo que volto a ligar amanhã, ou se preferir me retornar, seguem meus contatos".

9) Voltando ao item 4 e considerando que o cliente lhe pergunte os valores, por exemplo: antes de responder, pergunte se ele entendeu bem do que se trata o produto. Se precisar, rapidamente, cite dois benefícios que você escolherá com base nas interações já realizadas com o contato. Você precisa já ter identificado de que forma o produto ou serviço será útil para o prospecto e, aí sim, sem medo, fale os valores e se cale. O que você falar após esse estágio vai parecer que está justificando o preço.

"Cláudia, o investimento é de R$ 300 e pode ser parcelado em 3x de R$ 100." Cale-se neste momento. Ou "Cláudia, o investimento é de R$ 300 e pode ser parcelado em 3x de R$ 100, via cartão de crédito ou boleto. Qual dessas opções você prefere?".

10) Numa próxima ligação em que você sustentar mais alguns benefícios do seu produto ou serviço, não esqueça reforçar por *e-mail*.

11) Caso o prospecto lhe diga um não, mas você identificou que o seu produto ou serviço vai fazer a diferença para ele, mande um e-mail ou *WhatsApp*, escrevendo, por exemplo:

"Persisto em fazê-la reavaliar essa oportunidade, pois tenho a certeza de que se as técnicas aprendidas no treinamento forem aplicadas, vocês terão ótimos resultados."

12) Como o nosso objetivo é humanizar cada vez mais o contato do setor de vendas por telefone, atente-se aos detalhes da ligação. Se o prospecto comentar que vai conversar com o filho Fernando, que está em viagem nesta semana, sobre a aquisição do produto ou serviço, assim que você o contar novamente, surpreenda-o perguntando: "E o Fernando, seu filho, retornou de viagem nessa semana? Como foi?". Isso mostra que muito mais do que vender, você está se envolvendo com o prospecto.

13) A troca de voz é uma excelente alternativa para auxiliar nos fechamentos de clientes indecisos. Peça que o supervisor entre em contato com o prospecto, com alguma estratégia de escassez, seja de valor, ou produto acabando no estoque, ou um aumento no valor de determinado fornecedor seu, o que implicará em aumento nos preços dos seus produtos etc.

14) A única referência que o prospecto tem do seu vendedor é a voz. Uma dica que gera aproximação e credibilidade é utilizar fotos na assinatura do *e-mail*, abaixo, apresento o nosso atual modelo e também no *WhatsApp*. Não esqueça: gostamos de comprar de pessoas.

15) Quem tem credibilidade vende mais. É importante apresentar depoimentos de clientes satisfeitos, mas mais do que isso, apresentarmos ao prospecto depoimentos de clientes do mesmo segmento que o dele, para que ele perceba que seu produto ou serviço irá ajudá-lo também. Quantos clientes satisfeitos sua empresa possui? Peça a eles que escrevam como o seu produto ou serviço trouxe de benefícios à empresa dele e use essa poderosa arma a seu favor.

"Mais importante do que aprender algo novo, é aprender a fazer melhor o que já fazemos bem", frase do meu pai e mentor Luiz Bagattini. Aplico em tudo o que faço na minha vida, e compartilho com as pessoas ao meu redor, principalmente com os meus colaboradores. Desejo que você, leitor, coloque em prática as dicas compartilhadas aqui e venda cada dia mais, seja seu produto, seu serviço, ou suas ideias.

7

Autoavaliação: melhore suas competências para vender ainda mais

Toda e qualquer avaliação a que somos submetidos, ao longo de nossa vida, serve para indicar se o aprendizado proposto está sendo compreendido, fixado, usado com assertividade e melhorando o nosso desempenho, para que possamos ter mais chances de sucesso. Uma vez compreendido o que é e para que serve a avaliação, vamos falar da avaliação do vendedor. Vamos falar também sobre como fazer a sua autoavaliação

Edelcio Fochi

Edelcio Fochi

Franqueado da K.L.A. Educação empresarial e palestrante licenciado da Escola de Vendas & Negócios K.L.A. Especialista em vendas e *marketing* e consultor de empresas há mais de 26 anos. Professor universitário há mais de 21 anos em cursos de graduação e pós-graduação das disciplinas: técnicas de negociação e vendas, negociação empresarial, negociação internacional, promoção de vendas, comportamento do consumidor e CRM. Vasta experiência em consultoria empresarial na área Comercial, com foco em planejamento, organização e implantação dos departamentos de vendas e *marketing*. Atuação em treinamentos, ministrando cursos (*in company*) e palestras nas áreas de relacionamento interpessoal, atendimento a clientes, vendas (B2B e B2C), *marketing* e gerenciamento de mudanças. Coautor dos livros *Manual de relacionamento com o cliente: como construir parcerias duradouras e transformar clientes em fãs do seu negócio* e *Vendas: a chave de tudo*, ambos da Editora Literare Books International.

Contatos
www.edelciofochi.com
edelcio@grupokla.com.br
Facebook: K.L.A. Sorocaba
(15) 99771-2315

Durante toda a minha vida como estudante, desde o primeiro ano do ensino fundamental, (que no meu tempo se chamava curso primário) até o ensino superior, as etapas que mais me preocupavam – me faziam "tremer nas bases" – eram provas e exames, mesmo porque alguns professores gostam de fazer um certo "terrorismo" nas avaliações. Tenho constatado, desta feita na minha atividade de mais de 21 anos como professor universitário, que este "tremer nas bases" ainda ocorre quando proponho ou agendo uma avaliação com os meus alunos. Constatação que também ocorre em algumas empresas que conheço, que já têm implantado um processo formal de avaliação de desempenho e produtividade de todos os seus colaboradores, onde a "choradeira" não é muito diferente da que ocorre na etapa acadêmica. Esse temor ocorre porque não encaramos a avaliação como um processo natural nas nossas vidas, ao longo da nossa formação educacional e, mais adiante, na nossa evolução profissional.

Se fôssemos conscientizados desde o início, de que toda e qualquer avaliação a que somos submetidos ao longo de nossa vida, serve para indicar se o aprendizado proposto está sendo compreendido, fixado, usado com assertividade e melhorando nossa condição pessoal e profissional, quem sabe aceitaríamos este processo com mais naturalidade. Também nos seria mais produtivo se fôssemos cientes de que os resultados das nossas avaliações é que nos permitirão balizar nosso desempenho e nos possibilitarão corrigir eventuais falhas e fraquezas. Tudo isso para que possamos ter mais chances de sucesso.

Todo este discurso serve apenas para compreender como foram feitas e como deveriam ser feitas as suas avaliações. Tudo é passado e não irá modificar em nada o que poderá acontecer com você daqui em diante. Este passado é muito diferente de como um sistema atual de avaliação pode beneficiá-lo. O passado serve apenas como referência, porém, não o ajudará no futuro, se você não encarar a avaliação como algo que irá ajudá-lo muito a melhorar seu DESEMPENHO e, consequentemente, afirmar seu SUCESSO profissional. Se não for avaliado, como você irá saber se está no caminho certo?

Uma vez compreendido o que é e para que serve a avaliação, vamos falar da avaliação do vendedor. Vamos falar também sobre como fazer a sua autoavaliação.

Antes, algumas perguntas: há quanto tempo você não é avaliado pelo seu superior imediato? Alguma vez, durante sua carreira profissional, você pediu que seu superior imediato o avalie? Há quanto tempo você não faz sua autoavaliação? Quais os indicadores que você acredita que deveriam ser avaliados para melhorar a performance das suas vendas?

Para melhorar seu desempenho como vendedor profissional, avalie-se com a avaliação, a autoavaliação e os indicadores que devem ser avaliados para melhorar a sua performance entre as suas prioridades diárias.

O cargo de vendedor é um dos mais importantes dentro da estrutura comercial. Isso inclui todos os profissionais que efetuem as vendas, seja por meio de contato pessoal, televendas ou venda digital, sejam funcionários ou autônomos. As tarefas do vendedor são muitas, mas, basicamente, elas podem ser divididas em quatro funções:

1. Prospecção de clientes;
2. Comunicação;
3. Vendas e prestação de serviços aos seus clientes;
4. Negociação.

Portanto, dentro dessas quatro funções básicas, podemos definir alguns indicadores que servirão como base das suas avaliações ou autoavaliações. Seguem alguns indicadores que julgo importantes para você treinar-se, avaliar-se, melhorar seu desempenho e ganhar mais dinheiro:

1. Meta de vendas do mês [%] ($ realizado / $ proposto);
2. Fechamentos de vendas [%] ($ pedidos fechados / $ orçado);
3. Prospecção de novos clientes [%] ($ pedido novos clientes / $ total pedidos);
4. Positivação do mês [%] (nº clientes que compraram / nº clientes ativos);
5. Depoimentos de clientes satisfeitos [%] (nº depoimentos / nº clientes ativos);
6. Recompras [%] (nº clientes que repetiram compras / nº clientes ativos);
7. Recomendações recebidas (clientes recomendando você);
8. Número de eventos de *networking* de que você participa mensalmente;
9. Número de visitas realizadas no mês (comparar com as visitas planejadas);

10. Número de novas propostas emitidas;

11. Percentual de desconto concedido ($ total pedidos com desconto / $ total pedidos preço cheio da lista);

12. Tempo médio que o cliente leva para fechar o pedido;

13. Número de vendas perdidas no último mês;

14. Número de telefonemas de vendas;

15. Número de *e-mails/WhatsApp* enviados;

16. Número de clientes inativos.

Esses indicadores são tangíveis e mais fáceis de serem mensurados. Eles medem seu desempenho no que diz respeito aos resultados esperados e também os seus ganhos. Eles sinalizam com bastante clareza onde você está bem e também onde não está e quais indicadores precisam ser melhorados para você obter melhores resultados e vender mais. Esses indicadores apontam o que precisa ser feito, mas não de dizem o como fazer.

Para o como fazer existem outros indicadores, as competências, que também precisam ser aprendidas, desenvolvidas e avaliadas. São indicadores intangíveis – mais difíceis de serem mensurados – mas que irão colaborar sobremaneira no desempenho da sua profissão como vendedor e também ajudá-lo a atingir as suas metas tangíveis.

Na minha opinião, algumas competências importantes de que você precisa:

- Autoavaliar-se frequentemente;
- Identificar o que precisa melhorar;
- Estudar e aprender novas técnicas de como pode ser melhorado;
- Aplicar rapidamente nas suas ações de vendas e obter melhores resultados.

Depois de executar todas estas etapas, comece tudo novamente – este é o círculo virtuoso de "como se tornar um campeão de vendas".

Abaixo as competências:

1. Comunicação verbal, não verbal e habilidade de ouvir: seus resultados em vendas são diretamente proporcionais à sua capacidade de se comunicar;

2. Relacionamento interpessoal: saber se relacionar com as pessoas, respeitando a diversidade, os valores e as diferentes maneiras de pensar e tomar decisões facilitarão as suas vendas;

3. Habilidades de negociação: ser um excelente negociador. Não só negociar as propostas, mas também os possíveis con-

flitos que fatalmente irão surgir no seu dia a dia. Saber usar a técnica de negociação ganha-ganha;

4. Autodisciplina: planejar e cumprir rigorosamente o que foi planejado. Cuidar da sua aparência e do seu *marketing* pessoal. Cumprir as datas e os horários combinados;

5. Ser organizado: demonstra profissionalismo e comprometimento. O cliente se sente seguro fazendo negócios com um vendedor organizado;

6. Ser estrategista: entender que vendas não são improvisação e sim processos que devem ser aplicados com disciplina para se obter resultados. Ser estrategista em vendas é conhecer e usar a tecnologia do CRM (*software* de gestão de vendas que melhora e profissionaliza o relacionamento com o seu cliente);

7. Habilidade para trabalhar em equipe: saber trabalhar em equipe é vital para o sucesso do vendedor que quiser ter uma carreira duradoura e de sucesso. Como diz um provérbio africano: "Se quiser ir rápido, vá sozinho. Se quiser ir longe, vá em grupo". Resumindo, o EU tem que ser servo do NÓS;

8. Aprendizado contínuo: ser um estudioso permanente da sua profissão e do mercado em que você atua (clientes, concorrentes, produtos, serviços etc.).

Claro que existem outras competências a serem desenvolvidas, conforme o ramo de atividade de cada vendedor – de cada segmento de vendas. Cabe a você identificar e colocar no seu rol de prioridades, avaliar, estudar, identificar o que pode melhorar e aplicar.

O que precisa ficar bem claro para você é que a sua habilidade de se autoavaliar irá levá-lo a patamares que a grande maioria dos vendedores nem sonha em atingir. Você precisa identificar nos seus indicadores tangíveis – suas metas – e nos seus indicadores intangíveis – suas competências – o que precisa ser melhorado, mas, principalmente, precisa ter vontade de estudar, aprender e colocar em prática o que estudou e aprendeu. Entenda que, para se tornar um campeão de vendas, aprender é uma necessidade sem fim.

Se você tem preguiça de aprender, acredite: o mundo de hoje não terá nenhuma piedade dessa sua opção. Aqueles que não assumirem a responsabilidade pessoal pelo aprendizado e pela continuidade da sua educação, fatalmente não terão o conhecimento necessário para proteger e fazer evoluir a sua carreira de vendedor. Tampouco se permitirá que você obtenha melhores ganhos e satisfação com o seu trabalho.

Com a velocidade com que as coisas estão acontecendo, não é necessário muito tempo para que os nossos conhecimentos e habilidades fiquem desatualizados. A velocidade da informação e as novas tecnologias dificultam tremendamente acompanhar os acontecimentos. Até os mais preparados descobrirão que, caso não continuem aprendendo, suas competências técnicas estarão desatualizadas em pouquíssimo tempo.

Temos que aprender constantemente, ser alunos para sempre, ou correremos o risco de nos tornar obsoletos – e simplesmente desaparecer.

Tenho dito com bastante frequência aos meus alunos, na universidade, nos meus cursos e nas minhas palestras, que o sucesso sorrirá para aqueles que encaram o estudo para toda a vida, pois a aprendizagem ao longo da vida é certeza de continuar competitivo no mercado, quer como vendedor, quer em qualquer outra atividade. É necessário investir sempre no seu crescimento e no seu desenvolvimento pessoal e profissional.

Muitos acreditam que as empresas são as responsáveis pelo desenvolvimento de seus funcionários. Porém, a pessoa que deve mais investir em você é você mesmo. Sua empregabilidade – seu diferencial competitivo – depende da sua capacidade de aprendizado contínuo e da incessante busca de novas competências para ficar atualizado com o que acontece em sua área específica de vendas.

Não importa mais se você trabalha com vendas pessoais em mercados B2B, B2C, televendas ou qualquer outro tipo venda. É preciso prestar atenção ao que está mudando em seu segmento ou na sua profissão de vendedor. Analise mais fundo, continue aprendendo. Participe de cursos, de seminários, *workshops*. Seja mais proativo e faça aquele curso de aperfeiçoamento profissional ou pessoal que você vem postergando há tanto tempo.

Quanto mais você souber como fazer, melhor fará, mais valor terá e mais bem posicionado estará para "vender você" ou fazer da sua carreira de vendedor um sucesso.

Lembre-se de que o mundo não se preocupa com nossas opiniões e nossos sentimentos. O mundo recompensa apenas aqueles que se esforçam e se dedicam ao aprendizado contínuo, que investem em si mesmos e em suas carreiras, que transformam as lágrimas em suor e que jamais abandonam o saudável hábito de estudar. É como diz Tom Peters: "numa sociedade com base no conhecimento, por definição é necessário que você seja estudante a vida toda".

Acredito que ficou claro para você, porque a autoavaliação é uma importante ferramenta para o seu crescimento profissional como vendedor. Também ficou bem clara a importância de você ter indicadores tangíveis – as metas – que podem ser avaliadas diariamente e que irão direcioná-lo para os resultados quantitativos que são fundamentais, tanto para a sobrevivência das empresas, quanto para a sua própria sobrevivência como vendedor.

Mas, acima de tudo, acredito que enfatizei o suficiente que, para atingir suas metas, seus resultados, você tem que identificar e AUTOAVALIAR as principais COMPETÊNCIAS que um vendedor precisa ter, para se tornar bem-sucedido. Esta responsabilidade é toda sua. Você precisa assumir a responsabilidade pelo seu sucesso profissional.

Mas, o que isso significa?

Significa que você deve repensar sua relação com a sua organização, assim como ela o está fazendo em relação a seus clientes e concorrentes. Não imagine que você será bem-sucedido indicado para promoções e aumentos salariais, mesmo que venha se saindo bem na sua carreira como vendedor. Em função da permanente mudança das circunstâncias, o melhor a fazer para garantir seu futuro é aprender constantemente, como forma de melhorar todas as suas competências. Fazer sistematicamente sua autoavaliação, assumindo uma postura flexível para adaptar-se às novas situações e nunca imaginar que, supostamente, seu futuro estará protegido.

O sucesso de hoje não garantirá o sucesso amanhã. Portanto, assuma a responsabilidade pelo seu desempenho em vendas, acreditando em seu futuro e em si mesmo. Engaje-se na necessidade de acompanhar suas metas, autoavaliar-se com mais frequência e desenvolver novas competências como vendedor que, certamente, o ajudarão a ser muito bem-sucedido.

8

Modelos de vendas: o que fazer de diferente para aumentar suas vendas

Vender é uma arte, uma ciência que pode ser aprendida, você pode mudar seus resultados em vendas, quando pensar em novas maneiras para vender o seu produto ou serviço. Nunca foi tão importante entender o comportamento dos clientes, como eles querem comprar, e qual o canal ideal. É importante lembrar que sempre existirá uma oportunidade em vendas, quando você começar a pensar de forma diferente

Eduardo Carvalho

Eduardo Carvalho

Administrador de empresas. Empresário há 30 anos no varejo farmacêutico. Palestrante Internacional. Diretor da Escola de Vendas e Negócios K.L.A., Vice-Presidente da FACESP (Federação das Associações Comerciais do Estado de São Paulo), região administrativa 16. Estudioso do comportamento humano. Possui curso de especialização "Perseguindo oportunidades empresariais no setor de varejo", na Babson College, Boston – USA. Programa de Atualização Internacional em Varejo – FGV, Centro de Excelência do Varejo da EAESP – Nova York – USA, Abordagem para inspirar a criatividade – Disney Institute, Orlando – USA.

Contatos
eduardo@educarvalho.com.br
Facebook: Eduardo Carvalho (Palestrante)
(19) 3656-0527
(19) 99180-8312

K.L.A. VENDAS

Treze de junho de 2014. Tudo certo para viagem ao Japão na semana seguinte, para uma série de palestras naquele país. Eu havia marcado uma reunião em um *shopping*, na cidade de Ribeirão Preto, com um empresário. O motivo: estratégias para sua empresa vender mais. Nesse dia, percebi que meu celular, que havia comprado há três anos, não estava muito legal para tirar as fotos de minha viagem. Já que estava no *shopping*, resolvi entrar em uma loja de eletrônicos muito famosa. Cheguei à seção de telefonia, observei os modelos e preços expostos, até ser abordado por um vendedor, que fez aquela tradicional pergunta: "o senhor precisa de alguma coisa?". Quando um vendedor faz essa pergunta, fico tentado a dar uma resposta não muito educada, mas sempre me contenho. Eu disse ao vendedor que estava só dando uma olhadinha, ao que ele respondeu que eu ficasse à vontade e se afastou. Perguntei as características e preço de um modelo de que tinha gostado. O vendedor passou as informações básicas e eu fui para minha reunião, que terminou após duas horas. Quando temos o desejo de comprar algo, fazemos de tudo para nos convencer de que precisamos disso e buscamos sempre um motivo para justificar a compra.

Aproveitei o tempo que tinha livre e pesquisei em outras lojas o mesmo modelo do celular, notando que o preço não tinha muita variação. Liguei para minha filha e pedi para ela pesquisar na *Internet* o valor do aparelho. Ela disse que o mesmo modelo, na *Internet*, custava R$ 200 a menos e que demorava de três a quatro dias úteis para ser entregue. Como eu já disse, a viagem para o Japão era na semana seguinte e queria levar o celular novo. Até daria tempo de chegar se comprasse pela *Internet*, mas voltei à primeira loja onde tinha visto o modelo e fui até a seção novamente. O mesmo vendedor voltou e perguntou se eu ia levar o aparelho, ao que respondi que estava dando mais uma olhadinha. Quando estava quase saindo, percebi que um outro vendedor estava ao meu lado. Não esqueço seu nome até hoje: chamava-se Maeda, um jovem de aparentemente 25 anos, que prontamente disse que me viu olhando um modelo de celular e pediu para mostrar algumas características dele. Então, ele perguntou para que eu precisava daquele modelo e eu expliquei sobre a viagem e o desejo de tirar boas fotos. Então, ele tirou do bolso um modelo semelhante e pensei: me ferrei, perdi duzentos reais! Maeda, com muito entusiasmo, mostrou todos os benefícios e, principalmente, a câmera de alta resolução, que gravava em HD e tirava 15 fotos por segundo, além dos muitos outros benefícios que aquele aparelho tinha. Adivinhe o que aconteceu? Antes de ele terminar de mostrar as todas as funções do aparelho, eu já tinha decidido comprá-lo.

Sempre que tenho oportunidade, entro em lojas e converso com os vendedores. Se percebo que a maioria está totalmente despreparada e desmotivada, faço a mesma pergunta: o que você está fazendo de diferente para aumentar suas vendas? Acredito que você já saiba a resposta. A grande maioria não tem feito nada de diferente ou não tem investido em cursos ou treinamentos que, com certeza, iriam mudar seu *status quo*.

Queremos resultados diferentes, mas fazemos as mesmas coisas de dez anos atrás! Você que está lendo este livro, parabéns! Tenho certeza de que não está conformado com sua situação atual e que irá melhorar muito suas vendas, colocando em prática todas as dicas desta leitura.

O que fazer de diferente para aumentar suas vendas?

Vamos conceituar o que é vender. Vender é atender a uma necessidade, ou seja, dar posse para as pessoas de algo de que elas precisam ou que desejam. A primeira coisa que um vendedor tem que fazer para procurar um novo modelo de venda é mudar seu modo de pensar.

Conheço vendedores que vivem esperando as coisas melhorarem, aguardando uma solução mágica do governo ou da empresa em que trabalha, para melhorar suas vendas, ou seja, vivem em estado de inércia. A má notícia é que podemos esperar a vida toda, que as coisas não acontecerão se você e eu não tomarmos uma atitude de mudança. Quando mudamos nossa maneira de pensar, com certeza, encontraremos novas maneiras de vender.

Qual modelo de venda você tem usado ultimamente? Você pode falar que é do varejo e, quando abre sua porta, aguarda o cliente entrar e tem certeza de que ele virá, pois seu produto é bom. Contudo, um bom produto não garante a venda, se você estiver usando somente o canal tradicional. Somente a qualidade do produto não é suficiente para vendermos mais. Muitos vendedores não focam no sistema de vendas! Eles focam na qualidade do produto e se esquecem que somente um bom produto não será suficiente para vender!

Falar em novos modelos de vendas é ter olhar e atitudes para as possibilidades de como podemos vender nossos produtos de outra maneira. Sair do tradicional é buscar outras formas de vender.

Um exemplo que temos é o único vendedor que entrou para o *Guinness Book*. Ele não se conformou com a maneira como as pessoas vendiam carros. Seu nome é Joe Girard. E qual é o segredo de Joe Girard? Ele nunca ficou refém do modelo tradicional de um vendedor de carros! Joe jamais ficava esperando o cliente entrar na loja. Não queria depender somente dos clientes que visitavam o estabelecimento. Ele ia atrás do cliente que não vinha até ele! Ele construiu um verdadeiro banco de dados. Joe saía colocando cartões nos para-brisas dos carros com os seguintes dizeres: "Olá, meu nome é Joe Girard, quando for trocar seu carro, me procure, eu terei um ótimo negócio para você".

Bill Gates tem uma frase que diz: "a chave no mundo dos negócios é perceber para onde o mundo se dirige e chegar lá primeiro". Por isso, quero deixar algumas dicas para você refletir como vender diferente os seus produtos.

Cinco dicas de como você pode fazer diferente para aumentar suas vendas

1 - A primeira coisa a fazer é mudar o seu *mindset*, ou seja, mudar seu estado mental. Quando falamos em mudar nosso estado mental, estamos dizendo que infelizmente carregamos muitas barreiras ou crenças que têm limitado nosso jeito de pensar e que, na maioria das vezes, nos limitam em criar. Somos seres de hábitos. Alguns bons, alguns muito ruins. São estes que interferem diretamente em nossos resultados. O que temos que entender é que nossos pensamentos conduzem nossos resultados e são nossos resultados que determinarão nossa permanência no mercado. Quando fui abordado pelo primeiro vendedor na loja de celulares, pude perceber que era uma pessoa mentalmente limitada, acomodada e que esperava que a venda iria acontecer de maneira espontânea. O cliente sempre espera um vendedor proativo, ou seja, que ele dê atenção ou até mesmo faça uma abordagem que demonstre interesse em resolver o seu problema. Em nossos treinamentos com vendedores, as primeiras orientações são fazer com que eles mudem seu estado mental, para ter foco no cliente e que qualquer cliente que entrar na loja ou que visitá-lo tem potencial de compra. Um vendedor tem que blindar sua mente. Certo dia, encontrei um amigo que estava voltando da farmácia com um monte de medicamentos antidepressivos. Fiquei surpreso, pois ele era um dos melhores vendedores que eu

conhecia. Batia suas metas todos os meses e estava sempre ganhando prêmios. Perguntei o que estava acontecendo e fomos tomar um café. Ele disse que tinha o hábito de ligar a TV, logo ao levantar e assistir ao jornal de manhã. Fazia o mesmo na hora do almoço e do jantar e ainda via as notícias na *Internet* antes de dormir. Naquele momento, entendi o que estava acontecendo e disse a ele que parasse de assistir ao jornal. Sua mente estava sendo dominada por notícias negativas e, por conseguinte, influenciando seus resultados. Se você quer fazer algo diferente para aumentar suas vendas, aprenda a blindar a sua mente.

2 - Use a tecnologia. Estamos vivendo uma nova ordem mundial, com novas formas (maneiras) de vender e comprar e um novo perfil de consumidor. Dentro de alguns anos, muitas mudanças acontecerão e a tecnologia é responsável por quase todas elas. A pergunta é: você está preparado? Se você ainda não comprou algo pela *Internet,* com certeza irá comprar dentro de pouco tempo. A tecnologia é a bola da vez. Não sei o segmento em que você trabalha, mas resistir ou deixar de acrescentar esse novo modelo é iniciar um processo de desintegração. Essa geração já está mudando seus hábitos de compra e a nova geração comprará de outra forma. Leia o máximo sobre o assunto, participe de *workshops*, cursos e treinamentos. Faça tudo o que você puder fazer para se informar e iniciar um processo de mudança o mais rápido possível. Isso fará com que você se mantenha no mercado.

3 - Estude o máximo sobre seu mercado e o comportamento de seus clientes. Quando participei da NRF, a maior feira de varejo do mundo, em Nova York, a maioria das palestras, painéis e estandes, era sobre comportamento de mercado e de clientes. Por que é importante entender o comportamento do cliente? Entender o comportamento do cliente é descobrir de que maneira ele está comprando, quais seus novos hábitos e como podemos atendê-lo nesse novo perfil de comportamento. Em uma visita ao estande de um expositor, foi apresentado um sistema de monitoramento no qual o cliente era identificado pelas câmeras da loja, ligadas a um sistema inteligente, identificando se aqueles clientes gostaram do que viram e quanto tempo ficaram na frente do produto, apresentando a possibilidade de compra. Entender seu cliente é fundamental para pensar como criar uma nova maneira de vender. Você pode até alegar que não dispõe de tecnologia para isso e não precisa um simples *software* que pode auxiliá-lo a entender,

desde que você tenha um banco de dados atualizado e faça um acompanhamento das tendências do mercado e de seus clientes.

4 - Conheça as necessidades de seus clientes. Quando fui abordado pelo vendedor Maeda, a primeira coisa que ele fez foi perguntar o motivo pelo qual eu queria aquele celular. Entender a necessidade dos clientes é uma dica preciosa de que como você deve agir para realizar um sonho ou curar uma dor. Naquele momento, quando eu disse que iria para o Japão e gostaria de tirar fotos perfeitas, ele focou em mostrar as funções, com ênfase na câmera, pois já conhecia minha necessidade. Os R$ 200 reais a menos que pagaria na *Internet* não foram significativos. Descobrir a necessidade dos clientes é fundamental para definir a forma como você irá vender.

5 - Seja um missionário. Como já citamos anteriormente, estamos vivendo um novo momento em que a tecnologia, os hábitos e os clientes são os atores principais, de modo que é fundamental criarmos novas maneiras de vender. Mas, quero falar de algo que, no meu entendimento, não deixará de existir no processo da venda: chama-se relacionamento. A psicologia da venda já confirmou que gostamos de fazer negócios com pessoas em quem confiamos e com que nos relacionamos. Um vendedor campeão tem uma missão: cuidar de seus clientes. Uma pergunta: qual foi a última vez que você comprou alguma coisa de valor agregado e o vendedor ligou preocupado se você estava satisfeito com sua compra ou se preocupou em achar o produto que estava em falta? Alguém que ligou para você, depois de certo tempo, lembrando do tempo de uso e oferecendo um novo produto? No dia mais importante de sua vida, no seu aniversário, você já recebeu a ligação de um vendedor? Enfim, vender é usar a tecnologia a nosso favor, mas, antes de tudo, é manter um relacionamento com os clientes. É entender que também somos clientes e gostamos de ser atendidos com dedicação e respeito. Sou vendedor há 40 anos e minha vida toda fui inconformado com os sistemas tradicionais de vendas. Participei de muitos congressos e feiras no Brasil, Estados Unidos e Japão. Conheci muitas formas tecnológicas de como vender de outra maneira, mas uma coisa que aprendi em todo esse tempo é que descobrir como vender de forma inovadora é primeiramente entender que nós, vendedores, temos uma missão: a de resolver os problemas dos clientes e ajudá-los a realizar seus sonhos. Um verdadeiro campeão de vendas não é aquele que somente bate suas metas todos os meses, mas aquele que cumpre a sua missão.

9

Aprenda os segredos dos maiores vendedores do mundo e venda tanto quanto eles

Os campeões de vendas são assim caracterizados porque conseguem atingir resultados expressivos com uma frequência muito acima da média. E se pudéssemos descobrir os segredos que podem levar todos os vendedores a tornarem-se verdadeiros campeões? Quais seriam esses segredos?

Gerson Grassia

Gerson Grassia

Diretor da Escola de Negócios K.L.A. Oeste/PR. Consultor de organizações com formações pelo IBCO – Instituto Brasileiro de Consultores de Organização e Universidade Positivo/Faciap, atuando com estratégias de gestão, gerenciamento por projetos, planejamento estratégico e estruturação de equipes comerciais. Instrutor e palestrante de vendas e negociação, liderança, oratória, gerenciamento de projetos, gestão de RH e planejamento estratégico. Graduado em filosofia pela Unioeste/PR. *Coach* executivo e de carreira. GBA em gestão estratégica de micro e pequenas empresas pela Unioeste/PR. Diretor de capacitação e desenvolvimento do Conselho Estadual do Jovem Empresário do Paraná, de 2004 a 2010. Coautor dos livros *A arte da guerra – Desperte o Sun Tzu que está dentro de você (2015)* e *Estratégias empresariais para pequenas e médias empresas (2015*), ambos da Editora Literare Books.

Contatos
www.grupokla.com.br/oestepr
gersongrassia@grupokla.com.br
gersongrassia@gmail.com
(45) 99817-5055

"A verdadeira origem da descoberta consiste não em procurar novas paisagens, mas em ter novos olhos."
Marcel Proust

A jornada diária de um campeão de vendas não é plana e retilínea, mas cheia de altos e baixos. O que separará os campeões dos demais será sua capacidade de lidar com essas circunstâncias. Os segredos para obter resultados superiores estão amparados em dois fatores: campeões têm estratégias detalhadas que os aproximam dos objetivos traçados; e, quando os desempenhos não são tão favoráveis, contam com grande resiliência para superar e seguir para o alto e avante.

Segredo nº 1 dos campeões de vendas: estratégia

Estratégia é, de forma simplificada, o composto de ações estruturadas que nos levarão à conquista dos objetivos previamente determinados, com o melhor uso possível de recursos. Tornar-se um estrategista é, sobretudo, ampliar a visão, tanto em alcance quanto em amplitude. O professor Vicente Falconi, uma das maiores autoridades em gestão estratégica do Brasil, diz que estratégias e planejamento servem para aproximar as condições e resultados reais das condições e resultados ideais.

A falta de visão estratégica torna o profissional um mero operacional, reduz suas autonomias, dificulta a percepção de oportunidades, aumenta as ações reativas e torna o vendedor um "enxugador de gelo", com resultados inexpressivos.

A visão arrojada de um estrategista pode ser vista no filme *Fome de poder* (EUA, 2016), que mostra a expansão da rede de franquias do McDonald's pelos Estados Unidos na década de 1950 (discordo eticamente de algumas ações de Ray Kroc, mas aqui analisamos apenas sua capacidade de visão estratégica). Seu talento em inovar, tirar planos do papel e gerar parcerias é notável.

Os motivos (ou desculpas) mais comuns para um vendedor não desenvolver estratégias são: as rotinas diárias que o consomem; a pressão do chefe por resultados rápidos; a escassez de conhecimento necessário; experiências anteriores malsucedidas nas etapas de execução; a falta de hábitos em planejar; a ilusão de que estratégias devem ser perfeitas. E esse é um grande erro que um campeão de vendas não deve cometer. Estratégias bem alinhadas facilitam na escolha de quais ações devemos priorizar para atingirmos alto desempenho.

O Grão-Mestre enxadrista Garry Kasparov teve batalhas lendárias contra o supercomputador *Deep Blue*, da IBM, nos anos de 1996 e 1997. Ao comentar sobre suas táticas, disse: "A máquina não sabe se está vencendo ou perdendo. Eu sei... e isso me influencia.". Estratégias claras e detalhadas nos tornam mais conscientes das possibilidades de êxitos e das correções de rota necessárias, através das capacidades de avaliação e antecipação.

Estratégias – para serem vencedoras – devem ser dinâmicas, flexíveis, adaptáveis, evolutivas, compartilháveis e replicáveis. Toda empresa deveria incentivar, orientar e possibilitar seus vendedores a tornarem-se profissionais estrategistas. Líderes e gestores serão positivamente impactados com equipes comerciais com visão ampla e hábitos de planejamento. Numa entrevista, o presidente mundial da General Electric, Jeff Immelt, disse que "seu maior desafio é tornar-se desnecessário", e isso só é possível com equipes autônomas, com foco em solução e apurada capacidade de decisões estratégicas.

Grave erro é pensar que as estratégias nos levarão em linha reta a todos os objetivos, sem percalços ou frustrações. Essa é uma das questões que mais afastam as pessoas da gestão com estratégia, pois nenhum plano de ações do mundo poderá garantir resultados. E é mesmo por isso que eles são necessários, pois nos colocam de volta aos caminhos que serão capazes de nos levar às metas determinadas. A competência de manter-se alinhado com os objetivos reforça o segundo segredo – o da resiliência, pois é o que separa os que superarão as adversidades e os que se entregarão a elas.

O judeu Guido Orefice é protagonista de uma história que une os dois segredos dos campeões de vendas; suas habilidades são demonstradas no premiado filme *A vida é bela* (Itália, 1997), em que, ao simular com o filho Giosuè que estavam num jogo de ação, quando na verdade eram prisioneiros de um campo de concentração nazista durante a Segunda Guerra Mundial, conseguem fugir dos maus tratos e garantir sua sobrevida por longo período, além de isolar o menino dos impactos psicológicos das maldades dos soldados. As habilidades de Guido de retomar os caminhos seguros, amparado por sua firmeza de propósitos, são por vezes até divertidas e sempre épicas, mesmo sob as mais adversas e arriscadas circunstâncias.

Segredo nº 2 dos campeões de vendas: resiliência

O conceito de resiliência, como sabido, chega ao mundo corporativo vindo das ciências: é a capacidade de um corpo físico retornar às características estruturais originais após ter sido exposto a condições que o modifiquem. Nos negócios, podemos traduzir como a competência comportamental de um profissional manter-se firme, seguro, confiante, motivado após passar por situações adversas, frustrantes, de pressões ou derrotas.

Ao contrário do que possa parecer, resiliência não é sinônimo de rigidez, mas principalmente de adaptabilidade. Miremo-nos na milenar sabedoria oriental de *Tao Te Ching*: "O homem, quando nasce, é suave e flexível; ao morrer, torna-se rígido e quebradiço. As plantas, ao nascer, são tenras e flexíveis; ao morrer, estarão duras e secas. O duro e o rígido são propriedades da morte; o flexível e o brando, manifestações da vida. O duro e o forte são inferiores; o brando e o frágil mostram-se superiores.".

O campeão de vendas desenvolverá sua resiliência para, sobretudo, crescer e ultrapassar dificuldades com inteligência e integridade. A ausência dessa habilidade comportamental poderá trazer, além da continuidade de resultados insatisfatórios, desânimo, estresse desnecessário, desperdício de recursos e perda de oportunidades.

Justamente por ser uma habilidade possível de ser desenvolvida, alguns profissionais são superiores a outros em sua aplicação. As causas disso podem ser as mais diversas, desde haverem tido poucas dificuldades na vida, até não serem cobrados regularmente pelos gestores da empresa, passando pela maior facilidade em dar desculpas que buscar novas soluções ou pela falta de ambição pessoal e profissional.

A resiliência é resultado de um estado mental positivo, que faz uso inteligente e disciplinado da energia realizadora e da capacidade de reinventar-se e adaptar-se de forma proativa e criativa aos desafios que existirão na conquista de resultados. Ou seja, a competência de enfrentar desafios ao buscar resultados e manter-se entusiasmado e engajado e na rota dos objetivos claramente traçados.

O jovem paulista Marcos Evangelista de Morais foi reprovado e até desencorajado pelos avaliadores em uma dezena de testes seletivos na busca da primeira oportunidade para ser um profissional do setor em que escolheu atuar. Tentou inclusive em mais de uma posição dentro do organograma, também sem êxito. Mas a relevância de seu sonho manteve seu espírito firme e empenhado a continuar tentando. Alguns anos mais tarde, conquistou respeito até mesmo de concorrentes, construiu uma carreira internacional vencedora e foi considerado um dos melhores profissionais da história em seu segmento. Líder de uma das grandes conquistas do Brasil, Cafu, o capitão da seleção brasileira de futebol campeã mundial em 2002, é um grande exemplo da capacidade de foco e sinergia nas dificuldades.

O caso comprova que resultados têm menos ligação com as condições originais e com o que nos aconteceu e mais ligação com o que fazemos sobre isso ou apesar disso que nos aconteceu. A capacidade de assumir é exercitada nas pequenas dificuldades e aprimorada nas maiores, e todos temos oportunidades de encontrar essas situações diariamente.

A resiliência – desde que conduzida e fortalecida por estratégias comerciais adequadas – permitirá o uso otimizado de talentos e habilidades, edificará parcerias e permitirá ao campeão de vendas atingir patamares que o destacarão entre seus pares, possibilitando até ser cogitado como futuro gestor/líder de equipes de vendas.

Em seu livro *O estrategista*, a professora da Escola de Negócios de Harvard Cynthia Montgomery cita a odisseia de Domenico de Sole, que conduziu como principal executivo uma grande retomada da gigante italiana Gucci (que nos anos 1990 passava por situação de grave crise) no mercado da moda de alto padrão. Sole disse que um dos fatores do sucesso foi as coisas estarem indo mal. "Você tem muito mais chances de realizar várias mudanças quando a situação vai mal. Quando está tentando ressuscitar uma empresa, tem que seguir em frente. Não pode dar às pessoas chances de oferecerem desculpas. Precisa assumir responsabilidades." "Algumas companhias têm grandes estratégias e falam muito sobre elas, mas não as colocam em prática. Eu fiz isso. Chamava os executivos o tempo todo para me certificar que estavam executando o que tinham prometido fazer."

Cynthia complementa: "Muitas pessoas acreditam que o trabalho primordial de um estrategista seja pensar. Não é. A tarefa número um é definir um programa e tornar a empresa capaz de realizá-lo." E será durante a execução que os desafios surgirão na realidade, pois no papel eles sempre serão apenas estimados, tendendo a ser mais amenos ou superdimensionados do que na prática.

Por isso, nunca negligencie a relevância de tornar-se um estrategista resiliente como diferencial competitivo no mundo das vendas; e não terceirize essa responsabilidade, ela é sua, deve fazer parte do planejamento de sua carreira profissional continuamente. Mas, caso sinta dificuldade em assumir solitariamente essa tarefa, há maneiras de facilitar esse processo: certos líderes são capazes de nutrir a resistência emocional que pode estar incubada dentro de profissionais como cada um de nós. Descobri-los e nos aproximarmos desses catalizadores de potenciais é algo a ser feito constantemente.

O adolescente Michael Oher foi abordado na rua numa noite de chuva pelo casal Sean e Leigh Anne Tuohy, que o convidou para dormir em sua casa. Ao conhecerem sua história de desequilíbrio familiar e retidão de caráter apesar das circunstâncias difíceis, decidiram ajudá-lo matriculando-o num bom colégio e acolhendo-o como sendo da família, junto com seu casal de filhos. Por conta de seu porte físico avantajado e muito empenho nos estudos, destacou-se em equipes de futebol americano colegial, universitário e depois profissional. Sua trajetória de sucesso nos traz à tona a importância de contarmos com mentores que desenvolvam nossa resiliência, mesmo que eles surjam por destino ou acaso em nossas vidas.

A saga real de Big Mike (como era chamado) e sua família pode ser vista no filme *Um sonho possível* (EUA, 2009). Leigh Anne, interpretada por Sandra Bullock, tem um perfil de comportamentos acolhedor, proativo, arrojado e capaz de extrair o melhor de um jovem que teria tudo para ter ido para outros lados mais sombrios em sua vida. A força de uma líder inspiradora orientou as conquistas de um talentoso e bem-intencionado atleta.

Como tornar-se um campeão de vendas com visão estratégica e mais resiliência

- Perceba ambas as habilidades como obrigatórias para atingir resultados superiores;
- Defina quais objetivos são realmente relevantes para sua projeção profissional;
- Trabalhe seus modelos mentais – acredite ser capaz de superar as adversidades;
- Desenvolva o autoconhecimento, que aumentará a autoconfiança e a autoestima;
- Determine períodos regulares para elaborar planos, desenvolver, acompanhar e corrigir a visão estratégica;

- Enxergue problemas como desafios e oportunidades de crescimento;
- Documente adequadamente por meio de planos de ação detalhados, com indicadores de resultados, mapeamento de parcerias e controle de recursos;
- Amplie suas competências por meio de livros, cursos, vídeos, viagens, jogos e conversas;
- Busque referências e mentores profissionais resilientes, otimistas e corajosos, que possam inspirá-lo e desafiá-lo regularmente a superar sua condição atual e crescer;
- Liste a evolução: resultados obtidos, habilidades desenvolvidas, conhecimentos adquiridos, comportamentos que ampliam sucessos e refine os processos constantemente;
- Comemore e recompense suas conquistas, preferencialmente com pessoas importantes em seu processo de evolução;
- Faça regularmente atividades que "descarreguem" cargas de pressão, procure dormir e alimentar-se bem – o corpo físico será tão importante quanto a mente nas horas de dificuldades;
- Torne-se mentor de outros profissionais, seja de novatos ou até de veteranos em condições de dificuldades;
- Tenha em mente que estratégias sem execução são meras ilusões; e que o mundo não precisa desmoronar para que você aja adequadamente e valorize tudo de bom que há na sua vida.

Referências

A. MONTGOMERY, Cynthia. *O estrategista.* Sextante, 2012.
MCKEOWN, Max. *Estratégia: do planejamento à execução.* HSM, 2014.
CHARAN, Ram; BOSSIDY, Larry. *Execução: a disciplina para atingir resultados.* Elsevier, 2004.
FALCONI, Vicente. *O verdadeiro poder.* INDG, 2013.

10

Comporte-se como um campeão de vendas e melhore os seus resultados

Atitudes que verdadeiros campeões de vendas tomam e fazem delas a sua maior estratégia para se tornarem melhores, e erros que os vendedores comuns cometem e deixam de alcançar seus objetivos. Descubra quais são essas estratégias e se torne um campeão de vendas

Jean Santos

Jean Santos

Possui mais de 15 anos de experiência em vendas e atendimento, com graduação em publicidade e propaganda e pós-graduação em administração de empresas pela FGV (Fundação Getulio Vargas). *Marketing* e recursos humanos pela Estácio de Sá. Pós-graduado em metodologia no ensino superior, pelo ISAE. Empresário do segmento *marketing*, eventos, professor, consultor e palestrante.

Contatos
www.grupokla.com.br/nortepioneiro-e-londrina
jean@grupokla.com.br
(43) 3534-6707
(43) 99978-9339

Não caia no poder do canto das sereias!

Sempre me perguntava: por que há vendedores tão bem-sucedidos e outros não? Quando comecei a estudar e pesquisar sobre o tema vendas foi que descobri o real motivo do sucesso de um campeão de vendas. E não é o dom de vender; não são treinamentos e capacitações; não são melhores produtos ou ações; não são melhores empresas; não é chefe que favorece um e não o outro; a realidade é somente uma: comportamento, isso mesmo, é como o campeão de vendas se comporta!

Conheça a história de Jaime, o vendedor. Ele sempre considerado um ser espetacular, comunicativo, conhecedor das técnicas de vendas e atendimento, frequentava todos os treinamentos e cursos, lia os melhores livros, se capacitava diariamente, conhecia os caminhos das pedras, um exímio vendedor, se oferecesse para ele vender "parafusos enferrujados" ele vendia, um vendedor de uma bagagem sensacional, cumpridor com as metas, porém com comportamento a ser enfatizado.

Certa vez, Jaime ganhou da empresa em que trabalhava, como recompensa, uma maravilhosa viagem, para ele e sua família. Um cruzeiro de sete dias para conhecerem a costa brasileira. Vivenciou emoções inacreditáveis com a sua família, e, na última noite, uma grande festa foi preparada, uma noite de gala, uma verdadeira entrega do Oscar de vendas daquela empresa. O mestre de cerimônia que conduzia brilhantemente, iniciou agradecendo a todos pela presença, e se preparou para chamar o grande vendedor do ano de 2005. Um silêncio pairou no salão, pois todos ali sabiam que o vencedor sairia de lá com o prêmio: um carro 0 km.

Após este momento de tensão, o nome do grande vencedor ecoou no salão, "e o grande vencedor, como melhor vendedor de 2005, batendo todas as metas é o senhor...João da Costa Ferreira". Infelizmente não era o Jaime, mesmo bastante chateado, ainda se encheu de esperanças, pois teria a segunda oportunidade, sendo que o segundo colocado ganharia uma moto 0 km. Mais um pouco de silêncio e então vieram as palavras que deixaram o Sr. Jaime ainda mais boquiaberto, "e o segundo colocado que levará para sua casa uma moto 0 km é o senhor... Gustavo de Souza". E, novamente, o silêncio invadiu o coração e a mente de Jaime.

Apesar de todas habilidade e características direcionadas no início, ao vendedor Jaime, percebe-se que as metas elaboradas foram feitas para cumpri-las, e as metas não devem ser somente cumpridas, é preciso ter metas focadas em resultados. Jaime não havia focado no resultado e sim em cumprir todas as tarefas planejadas.

Um filme passou pela sua cabeça, naquele ano ele trabalhou oito meses, conseguira visitar todos os clientes de sua carteira, várias propostas ainda não haviam se concretizado em pedidos, mesmo assim, voltou esperançoso daquela viagem. Fez plano com sua esposa:

— Ano que vem, o carro será nosso. Vou visitar mais, ligarei para meus clientes com mais frequência, programarei uma visita mensal para todos, vou colocar minhas técnicas de vendas em prática, pois fiz o melhor treinamento neste ano.

Percebe que, após a empolgação da premiação, Jaime realiza seu planejamento, ainda eufórico, porém, desta vez, ele incluiu a busca pelo resultado – quando expôs a conquista pelo carro?

O planejamento deve ser elaborado da seguinte maneira: sempre questionando se está medindo esforço ou resultado. E se as metas estão voltadas para o objetivo final. Metas devem ser focadas em resultados, sempre!

Para finalizar sua lista de tarefas, como sua mulher comentou: "essa é a oportunidade que eu sempre esperei, eu sei que este ano o João e o Gustavo foram ajudados pelo nosso chefe, também sei que os melhores clientes foram direcionados a eles, mas eu vou me desdobrar e colocar em prática todas minhas estratégias para alcançar esse objetivo".

Quando acima cita o direcionamento pela chefia aos demais colegas de trabalho, Jaime não reconhece o seu erro, suas falhas. Reconhecer o "eu" é uma tarefa necessária para o sucesso.

Sua esposa, Sra. Maria dos Santos, ficou empolgada, sonhava com as viagens que iria fazer com sua família, com aquele maravilhoso carro, e dizia para todos:

— Acredito que agora as coisas na minha vida vão mudar. O Jaime está bem no trabalho, motivado, achou a empresa ideal para trabalhar.

Dois meses se passaram, era uma sexta-feira, Jaime chegou em casa, todo animado, uma felicidade estampada em seu rosto, quando sua esposa correu ao seu encontro:

— O que aconteceu que está tão radiante? Bateu as metas, conseguiu aquela bonificação de vendas deste mês? Poderemos ir ver a mamãe?

Jaime então respondeu:

— Não é nada disso, é muito melhor, era a oportunidade que

estava esperando para colocar em prática todos meus conhecimentos, minhas técnicas e exercer minhas melhores atitudes como vendedor, vou realizar todos os meus sonhos, Maria! Aquela empresa que o Sebastião trabalha, a "Contos da Sereia S/A", aquela que sempre tive vontade de trabalhar, tem os melhores produtos, os preços são baixíssimos, há plano de cargo e carreira – e continuou relatando e exaltando a empresa–, onde o Sebastião diz que o chefe é uma maravilha, não pega no pé se não atingir as metas, não pede relatórios, listas de clientes atualizadas, nada dessas atitudes que chefe tem como papel para exercer.

Jaime terceiriza a responsabilidade do sucesso, do alcance de seus objetivos, pois há uma grande insegurança dentro de si que encontra reclusa em seu interior.

— Havia uma vaga aberta, eu enviei o meu currículo, e hoje fui convidado a fazer uma entrevista e fui contratado. Na segunda-feira irei iniciar com as atividades nesta empresa.

Sua esposa, ouvindo atenta a todas aquelas afirmações, angustiada e cheia de dúvidas, perguntou ao seu companheiro:

— E os nossos sonhos? Nosso planejamento familiar? Carro no final do ano? Você irá ganhar mais?

Neste momento, se percebe que o grande vendedor, todo capacitado, confiante, ignorou a oportunidade de compartilhar essa possibilidade com sua mulher, sua mentora familiar e colocou tudo a perder, correu um grande risco.

E além de não compartilhar com sua esposa, o próprio, não avaliou suas metas definidas no resultado esperado, na oportunidade. Acompanhe, monitore metas, resultados!

Continuou entusiasmado:

— Não, o salário é mais baixo, mas as comissões são maiores e tem plano de carreira. Em pouco tempo teremos muito mais do que possuímos hoje.

Porém, Maria ainda assim insistiu:

— Mas, e o carro no final do ano?

— Não se preocupe, nesta empresa eu vou ganhar tanto dinheiro que eu mesmo comprarei o melhor carro, era a oportunidade que eu precisava e esperava por toda minha vida. – respondeu ele.

O ano de 2006 se passou e, junto com ele, passou também a motivação. As realizações ficaram pelo caminho, todo aquele planejamento familiar que tinha sido traçado assim que Jaime e Maria chegaram do cruzeiro tinha sido quebrado e mais um ano o João da Costa Ferreira ganhou o carro. E, com isso, Maria comentou com Jaime:

– Viu quem ganhou mais um ano o carro da empresa? A entrega foi em Dubai!

– Sim, fiquei sabendo, mas tenho certeza de que o chefe mais uma vez o ajudou o João, direcionando os melhores clientes e as melhores vendas, e não sei não, se o chefe não recebe por fora do João, pois sempre é ele que ganha.

Maria observadora e sábia, com jeito, disse a seu esposo:

— Ele trabalha há 15 anos na empresa e você não ficou lá nem um ano.

Mais uma vez Jaime lhe disse:

— Não se preocupe meu amor, hoje mesmo eu falei com um amigo que trabalha na Canto da Sereia Distribuidora e Comércio, e tem uma proposta de trabalho lá e amanhã está agendada uma entrevista.

— Sabe, minha esposa? Eu estou esperando uma oportunidade como essa há muitos anos, acho que agora chegou a minha oportunidade.

E até o dia de hoje o Jaime, vendedor, continua esperando a oportunidade de sua vida chegar, continua sendo um vendedor que busca qualificação profissional diariamente, vende o que for preciso vender, mas continua procurando a melhor empresa para se trabalhar, o melhor produto para vender, o melhor gerente de vendas para ser liderado. Para ele, a melhor empresa a se trabalhar é SEMPRE a outra.

O outro lado da história

Segunda-feira, 7h da manhã, João preparou o café com sua esposa, leu o jornal e as revistas, revisou sua rota de visitas do dia, conferiu e respondeu seus *e-mails*, levou seus filhos para escola e foi até o primeiro cliente agendado para aquela manhã:

— Bom dia, Sr. Fabiano, como o senhor passou desde a minha última visita? Como está a família? Seu filho foi bem na prova de avaliação na faculdade?

— Bom dia, sabe, Sr. João, atendo diariamente diversos vendedores e são poucos que realmente são vendedores. Ontem mesmo, conversando com o meu gerente, falei que estava com saudades de nossas conversas, inclusive, me tire uma dúvida. Há quantos anos você trabalha nesta empresa?

João respondeu:

— Completei 15 anos.

Em seguida, o cliente comentou:

— Você é uma pessoa agradável, sempre nos traz alegrias, entusiasmo e motivação, pois tem vendedores que passam por minha empresa e não vejo a hora de eles irem embora. Antes que eu me esqueça, muito obrigado pelo retorno daquele produto que foi para troca, sei que não é o seu departamento, mas agradeço a sua atenção comigo, e o produto substituído já chegou, obrigado!

— Olha, Sr. Fabiano, eu estou sempre à disposição para orientá-lo a solucionar seus problemas, é para isso que me preparo todos os dias!

Vamos fazer o seguinte João:

— Primeiro vamos tomar um café e colocar as conversas em dia. Reservei umas horas para conversar com você, enquanto isso, meu gerente vai fazendo o pedido de tudo o que está faltando.

E, assim, começou mais uma semana do campeão de vendas.

De que lado você está?

Jaime e muitos outros Jaimes, excelentes vendedores, ainda esperam que o Canto da Sereia seja realidade, buscam a tão sonhada terra prometida, esquecem de adubar e preparar a sua própria terra, esquecem que nunca adiantará mudar de empresa. Mas, na verdade, o que é preciso mudar são a sua mentalidade, os seus comportamentos e as suas atitudes.

Um verdadeiro campeão de vendas valoriza o emprego que tem, enxerga seus líderes, chefes e gerentes como parceiros e MENTORES. Utiliza as qualidades, virtudes e, principalmente, as experiências deles, para seu próprio crescimento e realizações, integrando aos seus objetivos próprios e se tornando uma pessoa grata pelo trabalho, pelos líderes, pela família.

Não terceirize a responsabilidade de seus fracassos a outras pessoas ou empresas. O verdadeiro campeão de vendas assume a direção de seus comportamentos e atitudes, e independentemente das oportunidades que apareçam, ele se mantém firmado no planejamento que traçou e busca incansavelmente a realização de seus sonhos, metas e objetivos.

Quem disse que vendedor nasce pronto? Vendedor mediano, talvez, sim. Mas o campeão de vendas se forma, pois se torna referência em vendas, usa seus pensamentos de forma positiva, não deixa que pensamentos negativos atrapalhem sua motivação, prefere deletar de sua mente programas de televisão que não agregam em nada para sua carreira profissional. Usa da melhor maneira as ferramentas tecnológicas, usa com muita moderação redes sociais, prefere ler um bom livro do que ficar "cuidando e espiando" a vida de outras pessoas, aproveita o tempo para se capacitar, fazer novos contatos, novos clientes, do que ficar em conversas de grupos *WhatsApp*. Troca as "rodinhas de conversas", que geralmente são sobre futebol, política e muitas vezes sobre os chefes, por um planejamento de ação de vendas para o dia seguinte, opta por não fazer parte das conversas que não trazem resultados para sua carreira, geralmente, esses campeões são chamados de "puxa-sacos", "peixinhos do chefe" e outros adjetivos, mas lembre-se: essas atitudes e comportamentos, além de não gerarem lucro nenhum, trazem muitos prejuízos financeiros e também emocionais.

Campeões de vendas se preocupam em mais do que simplesmente obter vendas. Pensam no futuro e nos novos negócios que virão. São sábios pois, na verdade, se preocupam, ao mesmo tempo, em proporcionar satisfação ao cliente e gerar lucros para a empresa, atingir suas metas, realizar seus sonhos, pois campeões de vendas pensam em um todo, e não pensam somente nos seus objetivos, pois sabem que a empresa e seus clientes estando bem, consequentemente, eles também estarão.

Mensuram gastos, reduzem custos, observam e medem o potencial do seu mercado, coletam informações sobre o mercado, sobre o cliente, sobre seus produtos, descobrem as oportunidades e ameaças de seus produtos e serviços, desenvolvem estratégias e planos de *marketing* pessoal. Também têm como característica o entusiasmo. Um vendedor de bem com a vida sempre surpreende seus clientes, traz novidades positivas, informações que agregam valores às empresas de seus clientes e como vender mais os seus produtos. O campeão de venda, em nenhum momento, leva informações negativas, notícias ruins e o pessimismo passa longe desse profissional. Coloca em prática ações que geram e nutrem a sua autoconfiança!

São essas atitudes e comportamentos que transformam um vendedor comum em um verdadeiro campeão de venda. Colocando em prática esses comportamentos, você se tornará uma pessoa agradável de compartilhar momentos juntos, fará novos amigos e clientes, e, com certeza, seus resultados serão melhores e conquistará seus objetivos, metas profissionais, financeiras e, principalmente, familiares.

Não seja igual ao Jaime, faça que o final de sua história seja diferente. Seja determinado, focado em resultados, mantenha seus pensamentos positivos, tenha entusiasmo, mantenha a persistência, não desista de seus objetivos, não caia no canto da sereia, faça uma aliança com seu chefe, tenha ele como seu mentor, faça seu planejamento de carreira, se espelhe em alguém, tenha como característica vencedora a resiliência, seja proativo, trabalhe duro, dedique-se, acredite no seu produto, acredite em sua empresa, acredite no seu chefe, acredite nos seus amigos de trabalho, acredite nas pessoas, acredite em você.

Quer ser um campeão de vendas? Comporte-se como tal, seja um...

Referência

Escola de vendas K.L.A.. Literare Books, 2017. pp. 49-51.

11

Autoestima elevada: comemore sempre as suas conquistas

Para que se conquiste o patamar de "profissional de alta performance", uma condição essencial é que se saiba manter a autoestima elevada. O saber comemorar todas as vitórias, grandes ou pequenas, é um elemento diferencial na construção dos caminhos para ganhos de produtividade. O vendedor de alta performance não pode desistir jamais. Se você conseguir isso, o mundo poderá ser conquistado

Josué Barreto

Josué Barreto

Diretor e palestrante licenciado da Escola de Vendas e Negócios da cidade de Fortaleza. Administrador de empresas, mestre em estratégia empresarial e especialista em estratégia e vendas. Consultor de empresas. Professor de cursos de pós-graduação. Trabalhou como vendedor em diversas empresas nacionais e multinacionais. Atualmente é presidente da Associação dos Administradores de Estado do Ceará. Tem como propósito transformar a vida das pessoas por meio do conhecimento. Para isso, dedica-se ao treinamento organizacional. As empresas somente estarão preparadas para o futuro, quando enxergarem que o principal recurso são as pessoas.

Contatos
www.grupokla.com.br/fortaleza
www.josuebarreto.com.br
josue@grupokla.com.br
josuesbarreto@gmail.com
Skype: josuesbarreto
(85) 99929-7445

Todos devemos ter um propósito em nossa vida. Não pode ser diferente para quem trabalha com vendas. Para Dalai Lama, o propósito fundamental da nossa existência é a busca pela felicidade. Howard C. Cutler afirma que "felicidade é determinada mais pelo estado mental da pessoa, do que por acontecimentos externos".

Para Dalai Lama a disposição mental para a felicidade é essencial na busca desse propósito, ou seja, sem a atitude mental correta, o sucesso e ganhos materiais não trarão felicidade. Nesse sentido é que devemos comemorar todas as vitórias, por menor que pareçam, pois alimentaremos a mente com as novas conquistas e, dessa forma, manteremos a autoestima elevada na direção da conquista da felicidade.

A autoestima está relacionada ao nível de satisfação em relação às situações vivenciadas. Quando se vivenciam situações positivas, o indivíduo se sente confiante, com alto valor pessoal e competente.

É de suma importância mantermos a autoestima sempre elevada, para termos uma imagem constante das nossas capacidades e da distinção como pessoa. Passamos a ter maiores possibilidades para assumir papéis de destaque em nossos grupos sociais. Tornamo-nos menos preocupados com medos e nos direcionamos com mais determinismo para a consecução das metas.

Anthony Robbins, em seu livro *Poder sem limites*, afirma que não há sucesso permanente sem confiança. Para se ter sucesso é necessário se ter a crença no poder da confiança. "Se há uma única crença que parece quase inseparável do sucesso é a de que não há grande sucesso sem grande confiança". A bailarina russa Anna Pavlova disse certa vez: "seguir um objetivo sem parar, esse é o segredo do sucesso". O conceito de sempre comemorarmos todas as conquistas passa pela necessidade de mantermos sempre em alta a autoestima.

A celebração das vitórias é essencial, pois consolida a vitória, a torna mais concreta e palpável, crava um marco. Alimenta de força, incentivo, energia e entusiasmo para o próximo projeto. (D'ELIA, 152). Na prática esportiva, não se vê um atleta atingir seus objetivos e não comemorar. Robert Sheidt (campeão olímpico de vela) quando comemora um título, costuma festejar, merecidamente, mas não permite que ele suba à cabeça. Logo retorna aos treinamentos com a garra de um principiante, atrás de sua primeira vitória (D'ELIA, 145).

A mente humana funciona como um ímã. Segundo Walter D. Moody, "metade do prazer em fazer um grande sucesso consiste em saber como ele foi conquistado". Muitos vendedores perdem grande parte do prazer que poderiam desfrutar com seu sucesso. Dizem que foi em função do trabalho duro e da "sorte". Se satisfazem com resultados materiais, não procurando identificar quais seus pontos fortes que os levaram a atingir suas metas.

O vendedor tem que identificar suas competências e habilidades que fazem a diferença para o atingimento das metas. A mente deve estar focada em vencer as metas propostas. Problemas externos, complicações e pensamentos que não agregam para o alcance dos objetivos devem ficar fora desse contexto.

As empresas precisam reconhecer os atingimentos de metas, as pequenas e grandes vitórias, oxigenando, assim, toda a equipe. Não apenas bonificações em dinheiro, passagens, bônus, mas principalmente com o reconhecimento pessoal. Sua empresa tem praticado isso? Você tem se permitido comemorar o alcance de suas metas?

Há algum tempo fui chamado para prestar consultoria em uma indústria de bens de consumo e propor pontos de melhoria. Na conversa inicial com o gerente geral da fábrica, nos foi apresentado o problema de falta de motivação da equipe comercial. Após esse relato, fui conversar com o gerente comercial.

O gerente comercial, Carlos, falou que sua equipe estava demonstrando desmotivação e ele estava "sem saber o que fazer mais". Aumentou as premiações e bonificações e, mesmo assim, nada acontecia de diferente. Indaguei sobre como era sua relação com os vendedores. A resposta dele foi a seguinte:

— Sou muito profissional e exijo o mesmo dos vendedores". – Falou de maneira até ríspida.

Após uma longa conversa, verifiquei que todas as conquistas eram tratadas como simples obrigação. Carlos provocava distanciamento e não o acolhimento necessário para manter elevada a autoestima da equipe. Não provocava o sentimento de pertencimento.

Sugeri que dividíssemos os vendedores em grupos e estes teriam um líder escolhido por eles. Após isso, as metas seriam direcionadas ao grupo, sendo este o responsável. Criamos novos indicadores mais simples e a todo novo cliente, superação da meta, elogio recebido via SAC etc., era comemorado com o tocar de um sino, informando a vitória para todos e, além disso, os familiares eram lembrados das vitórias dos maridos, filhos etc.

Ao final da campanha, com o atingimento global garantido, o grupo vencedor teria seu reconhecimento perante toda a equipe e familiares, em um evento a ser preparado, especialmente, para os vendedores e equipe de suporte.

Foram três meses de campanha. As metas foram superadas em mais de 45% e todos os indicadores superaram as expectativas. A autoestima de toda a equipe ficou bastante elevada. Passaram a comemorar todas as vitórias, independentemente se grandes ou pequenas, pois se acostumaram a vencer e serem reconhecidos.

Comemorando as pequenas vitórias concentraram-se nos detalhes que os outros deixavam passar em branco e consideravam insignificantes: um bom telefonema, um *e-mail* impactante, uma teleconferência de sucesso, uma solução eficaz para um problema de um cliente. Todos esses detalhes criam uma autoimagem de competência e confiança, elevando a autoestima e gerando uma atitude vencedora.

As pequenas vitórias demonstram a progressão que se está conquistando. Isso motiva! Cada degrau a mais dá mais sustentação para o próximo e se sente capaz de vencer os desafios que virão. As pessoas precisam acreditar nelas mesmas.

As grandes vitórias se tornarão pequenas, pois você vai crescer e suas metas também. Isso faz com que muitos não comemorem mais as pequenas vitórias. Trabalhava em uma empresa de mercado de consumo e havia um vendedor, o Luís, que atendia o pequeno varejo. Ele tinha uma grande característica que veio a influenciar em minha carreira. O Luís vibrava em cada venda, por menor que fosse. Isso contagiava e motivava toda a equipe e, principalmente, a ele.

O ato de comemorar cada vitória como fator de elevação da autoestima foi demonstrado acima, mas que outras atitudes se devem tomar para incrementar esse aumento? A seguir, são descritas diversas dicas para se ter melhoria no nível de autoestima:

Cerque-se de pessoas positivas

Segundo Napoleon Hill, quando nos cercamos de pessoas positivas e com os mesmos objetivos, conseguimos atingir nossos objetivos mais rapidamente. A junção de duas ou mais mentes gera um todo que é muito maior do que as partes individuais; Napoleon Hill chama isso de *mastermind*. Energia capaz de conquistar o sucesso.

Temos que nos aproximar das pessoas positivas, otimistas e que tenham algo para nos ensinar. Devemos nos afastar do contrário. Existe um velho ditado que fala "quando estamos sentados em uma mesa na qual somos o mais inteligente devemos nos levantar, estamos na mesa errada".

Acredite que você pode, você deve gostar de si

É fundamental que você se valorize, admire e goste de si, ou seja, se ame. Acreditar em seu potencial é essencial para aumentar sua autoestima. Não é pecado, feio ou errado se gostar.

Devemos reconhecer nossas qualidades e acreditar mais em nosso potencial. É acreditar no que você sabe fazer e que é realmente bom naquilo. A vida nos apresenta diversas oportunidades e devemos ter confiança de que podemos aproveitá-las e, assim, vivermos melhor.

Faça uma lista com suas principais qualidades e as leia para que não enfraqueça.

Faça uma lista de conquistas

Pense em tudo o que conquistou até hoje. Comemore todas as conquistas. Faça uma relação das conquistas. Relembre sempre essa lista e acrescente as novas. Compartilhe as conquistas com quem você ama.

Faça algo por você

Mude seu visual ainda que por um dia. Medite todos os dias. Coma e beba algo que você goste. Escute as músicas que você gosta. Veja um bom filme. Fique um tempo sozinho, curtindo sua companhia. Enfim, tenha momentos de lazer com você mesmo. Aumente seu nível de autoconhecimento.

Pratique exercícios físicos

O exercício físico libera substâncias em nosso organismo que nos dão prazer. Passamos a cuidar do nosso corpo.

Lide com erros, com normalidade

Somente erra quem faz. Não se culpe pelos erros. Com os erros é que aprendemos e evitamos que o problema volte a acontecer no futuro. Não é porque errou uma vez que nunca mais conseguirá realizar nada e que ninguém fez nada para ajudá-lo. Saber lidar com os erros também faz parte de uma autoestima saudável.

Socialize

Participar de grupos sociais é muito importante para manter elevada sua autoestima. Exercitar o poder de se relacionar com as pessoas e desenvolver o sentimento de pertencimento a um grupo. A convivência com outras pessoas proporcionará oportunidades de estabelecer contato e desenvolver uma comunicação efetiva e relacionamento interpessoal.

Defina metas

O fato de definir metas e traçar planos para seu atingimento irá construir mais confiança e autoestima. Ao definir metas exequíveis, claras e pontuais, você tem um rumo claro para onde se movimentar. Um grande motivo para alguns de nós pararmos e não realizarmos algo deve-se ao fato de não construirmos um plano para alcançar os objetivos desejados. É essencial que construamos metas e planos de ação para atingi-las.

Faça coisas novas e arrojadas

Quando fazemos coisas novas, algo novo, colocamos toda nossa energia e, em razão disso, nos sentimos motivados. Experimente um esporte radical, supere seus medos. O simples fato de se propor a experimentar e enfrentar algo em que se sinta incapaz ou incomodado, irá desconstruir sua incapacidade. Livre-se do medo!

A autoestima elevada estimula a confiança e motivação, ferramentas essenciais para nós da área de vendas. Para mantê-la sempre em alta é necessário, antes de mais nada, comemorarmos todos os bons momentos em nossas vidas e prestigiarmos as pessoas que nós amamos.

Olhe para você com carinho e amor, nunca esqueça das suas conquistas, de quem você é, as dificuldades que o levaram a chegar até aqui. Evidencie suas conquistas e de todos que ama. Assim conseguirá, além de se alimentar para aumentar sua autoestima, também o fará com seus entes queridos.

Referências

LAMA, Dalai; CUTLER, Howard C. *A arte da felicidade.* Livraria Martins Fontes, 2000, pp. 19-22.

MOODY, Walter D. *Homens que vendem coisas.* Clio Editora, 2015. p. 133.

SHULTHEISZ, Thaís S. V. *Autoestima, conceitos correlatos e avaliação. Revista Equilíbrio corporal e saúde*, 2013, pp. 36-48.

ROBBINS, Anthony. *Poder sem limites.* Editora Best Seller, 2007, p. 85.

D'ELIA, José R. *Fábrica de campeões.* Editora Gente, 2004, p. 152.

12

A primeira venda a ser feita para o seu cliente: você

Você sabe se vender? Caro leitor, a primeira compra que o seu cliente fará será você, isso mesmo, antes de comprar o seu produto ou serviço, o seu cliente irá avaliar se pode ou não confiar em você. Você é um bom produto para ser comprado? Neste artigo, passarei dicas fundamentais para que você se torne um bom produto para ser comprado pelo seu cliente

Luiz Bagattini

Luiz Bagattini

Profissional reconhecido pelo seu conhecimento, experiência e atitudes, realizou consultorias em centenas de empresas. Empresário do mercado do conhecimento, apenas nos últimos três anos, formou mais de 1000 alunos, proferiu mais de 700 palestras. Profissional ávido pelo aprendizado contínuo, com mais de 30 anos de experiência profissional, recebendo o reconhecimento no meio empresarial, como um dos maiores especialistas em educação empresarial para empresas familiares do Brasil. Diretor da K.L.A. Escola de Vendas e Negócios em Florianópolis.

Contatos
www.luizbagattini.com.br
bagattini@grupokla.com.br
(48) 99644-8786

Fabiano é um dos melhores vendedores de carros que tive a oportunidade de conhecer, premiado diversas vezes por uma das maiores montadoras do mundo, a Ford. Ele é dono de uma cabeleira de dar inveja, estilo Elvis Presley, muitos clientes não o chamavam de Fabiano e sim de Elvis.

Um certo dia ele apareceu com um corte muito estranho, mais curto e diferente da imagem que ele sempre passou. Perguntei para ele:

—Fabiano, que corte é esse?

E ele me disse assim:

— Bagattini, meu amigo, me sinto como se estivesse sem as orelhas.

— Como assim, Fabiano?

— Sinto-me como um produto falhado.

— Produto falhado? Mas, o que aconteceu?

— Eu estava em casa, descansando no sofá e peguei no sono, e a Vivi, minha filha, pegou uma tesoura e cortou o meu cabelo.

Naquele momento, entendi quando ele mencionou que se sentia como um produto falhado. Fabiano sempre foi muito vaidoso, elegante, simpático, procurando transparecer sempre uma pessoa de sucesso, a cabeleira fazia parte da sua marca registrada, do seu diferencial. Fabiano não teve escolha, solicitou 15 dias de férias, para recuperar sua tão famosa cabeleira, estilo Elvis Presley.

Eu tinha 20 anos de idade quando aprendi algo para a vida toda, meu diretor, o Jaime, me chamou na sala dele, me mandou sentar e me falou:

— Você é um jovem muito promissor, tem uma responsabilidade muito grande aqui na empresa, apesar da sua pouca idade, você coordena 16 pessoas e já faz isso muito bem, mas tem algo que você precisa mudar.

"Xi", eu pensei. Lá vem bronca, mas o Jaime se manteve calmo.

— Você precisa cortar o cabelo. – naquela época era moda deixar o cabelo comprido.

— Sei que é moda, mas cuidar da sua aparência é fundamental para que eles continuem confiando em você. – disse o Jaime.

Será que a palavra é essa confiança?

A todo momento, nossos olhos observam atentos a qualquer perigo, é nossa natureza humana nos proteger e, assim, ao menor sinal de perigo, o nosso subconsciente manda informações se podemos ou não confiar naquela situação e ou pessoa, se podemos ou não fazer negócios com ela.

Quando nosso cliente nos observa, ele está de forma inconsciente analisando se pode ou não confiar. Neste momento, precisamos compreender que o que conta é aos olhos do cliente e não aos nossos olhos, o que contam são as experiências do cliente e não as nossas.

Duas lições muito importantes, somos um produto e, segunda lição, antes de vender qualquer produto ou serviço é necessário vender você, a venda passa por duas linhas extremamente importantes, que é como está a minha aparência e como me comunico.

Por muitos anos, andei pelo Brasil, treinando vendedores e conheci muitos que eram bons em se desvender. Por inúmeras vezes, estive com eles em jantares e identifiquei dois perfis de vendedores que se desvendem, o pescador e o pessimista.

O pescador é aquele, isso mesmo, você já imaginou, o mentiroso, claro, aqui me refiro ao pescador por esporte, aquele das piadas, que pesca um peixe de dois quilos e diz para os amigos que pesou quatro, não o pescador profissional que merece todo o meu respeito.

O vendedor pescador, tudo o que ele diz que vendeu, pode confiar, ele vendeu a metade.

Já o vendedor pessimista, ele só acredita nele e em mais nada, e quando é para falar algo negativo, ele sempre quer ganhar a disputa.

Estávamos nos aproximando do horário do jantar, Paulo se aproximou e perguntou para o Adriano como estavam indo as vendas – os dois são vendedores e se conhecem há um bom tempo – e o Adriano, que é brincalhão, respondeu:

— Caro Paulo, está difícil meu amigo, estou vendendo o almoço para pagar o jantar.

Paulo, que não poderia deixar por menos, respondeu:

— Eu estou vendendo bem, já vendi a geladeira, o fogão. – uma gargalhada geral.

O Alberto, que é um grande pessimista, não poderia deixar por menos, já que é para brincar com a desgraça, ele não poderia ficar de fora, Alberto falou:

— Meus amigos, se a situação de vocês está difícil, então imagine a minha. Lá em casa, a minha geladeira é uma fonte de luz.

— Como assim? – perguntou o Adriano.

— Sim, você abre ela, só tem uma jarra com água e a luz. – outra gargalhada geral.

O vendedor que culpa o mercado, crise, sua empresa, seu chefe, o preço, está fadado ao fracasso, pois, dessa forma, ele está se desvendendo, sim, precisamos nos motivar diariamente, não importa o momento, sempre se mantenha firme em seu propósito, sonhe alto, não se deixe influenciar por pessoas negativas e fracassadas. Ninguém gosta de fazer negócios com mentirosos e perdedores.

Meu avô, Abramo, por diversas vezes, me disse:

— Diga-me com quem andas, que direis quem és.

Meu pai complementava:

— Escolha bem as suas companhias, elas definirão o seu futuro, elas definirão o que você irá se tornar.

O que usamos e vestimos conduz o nosso cliente

Precisamos nos vender aos outros o tempo todo, precisamos entender o que é *marketing* pessoal. Eu venho de uma família humilde, comecei a trabalhar muito cedo para poder comprar o tênis que eu gostava, a roupa, os óculos de sol, comprar os produtos que me integravam à sociedade que eu escolhi. Gosto desta expressão: "se nos vestirmos muito mal, somos mendigos, se nos vestirmos muito bem, somos doutores". Podemos gostar de nos vestir como mendigos, mas, aos olhos dos outros, será o valor que receberemos. Gosto de pensar que o que usamos e vestimos define para onde levaremos os nossos clientes. Se nos vestirmos de uma forma simples, levaremos eles a um lugar simples, se nos vestirmos de forma elegante, conduziremos nosso cliente a um mundo elegante.

Onde você quer levar o seu cliente? Um mundo simples ou um mundo de sucesso?

Preparando você como produto:

O que os olhos veem: o que você gosta ou deixa de gostar não é importante, o que realmente importa é a mensagem que você passa aos seus clientes.

Era um dia muito especial, meu diretor iria me apresentar para um dos nossos maiores clientes. Coloquei minha melhor roupa, meu melhor relógio e fui para a reunião. Em determinado momento da reunião, nosso cliente começou a barganhar preço e meu diretor apontou para mim e disse para o cliente:

— Se há alguém que pode ajudá-lo, este alguém é o Luiz Bagattini, ele é o melhor vendedor da nossa companhia e tenho certeza de que se alguém pode fazer algo por você, esse alguém é ele.

O cliente olhou para o meu relógio e disse:

— É Armani. Você sabe que eu tenho uma foto com o Giorgio Armani, sim, sou um cliente *vip*, prezo muito o estilo dele.

— Sim, sim, eu também!!!–respondi.

Até aquele dia eu não dava a mínima para relógios, confesso a você que eu não gostava de relógios. Para o *marketing* pessoal, o mais importante no relógio não é ver as horas, e sim definir quem você é. Pois bem, aos olhos do meu cliente, eu demonstro um pouco da minha personalidade, do que desejo passar a ele, alguém de sucesso, de bom gosto. Como diz o nosso mentor, Edílson Lopes, "a vida é uma venda".

O que os ouvidos escutam

Quando você oferta o seu produto, as pessoas prestam atenção? Refiro-me a prestar muito a atenção. Seu cliente ouve ou escuta você?

O significado de ouvir remete ao sentido da audição, é aquilo que o ouvido capta. Já o verbo escutar corresponde ao ato de ouvir com atenção. Ou seja, escutar é entender o que está sendo captado pela audição, mas, além disso, compreender e processar a informação internamente.

Estudos comprovam que, a cada dia, o nosso tempo para escutar os outros vem diminuindo, não tem como ser diferente, processamos muitas informações, todos os dias. Ouvimos as pessoas por poucos segundos, se você pedir a atenção de alguém, a média será de dez segundos.

O bom comunicador define o discurso de vendas em poucos segundos.

O grande segredo é controlar o tempo, fale por dez segundos e depois estabeleça uma pergunta, assim você continuará tendo a atenção do seu cliente. O campeão de vendas sabe que precisa ganhar os ouvidos de seu cliente, por isso ele é um grande comunicador.

Quando estiver frente a frente com o cliente, oito dicas do que não fazer:

1) **Jamais atenda o celular enquanto estiver conversando com um cliente**, a não ser que seja uma chamada já esperada, sobre um assunto urgente, e de suma importância, sobre a qual você já tenha prevenido o cliente no início da conversa.

2) **Jamais discuta política, religião ou futebol** com seus clientes. Esses assuntos você deve banir, por mais que seu cliente goste deles, você poderá perder sua credibilidade, principalmente se seus gostos ou crenças diferem das dele.

3) **Jamais fale mais do que ouve**, todo ser humano gosta de contar as suas histórias, use essa técnica a seu favor. Escute as histórias do seu cliente e venda muito mais, os holofotes devem estar virados para ele e não para você, é nele que você deve pensar em como ajudar a vender mais.

4) **Jamais minta**, o mundo está cada vez menor, os clientes estão cada vez mais bem informados e a *Internet* deixa qualquer mentira com as per-

nas cada vez mais curtas. Se mentir, o vendedor logo será desmascarado e sua credibilidade irá a zero. Sem credibilidade, igual a sem vendas.

5) **Jamais se atrase**, se marcou um horário com seu cliente, chegue mais cedo, chegar mais cedo mostra o quanto a reunião é importante para você, o quanto seu cliente é importante. Se você sempre cumprir horários estabelecidos, a sua credibilidade aumentará muito junto a seu cliente e, quando ele pensar em substitui-lo pelo seu concorrente, isso pesará a seu favor.

Desculpar-se pelo atraso não irá ajudá-lo a vender mais, somente diminuirá sua credibilidade junto ao cliente.

Meu pai me ensinou que chegar no horário marcado é obrigação de todo vendedor, mas a grande conquista é seu cliente saber que sempre chegará no horário marcado.

6) **Jamais arrume desculpas** para os problemas apresentados pelo cliente, se algo deu errado, assuma a responsabilidade, comprometa-se a resolver o problema do cliente. Se ele comprou algo de você, a responsabilidade pelo produto ou serviço é sua, aos olhos do cliente, foi em você que ele confiou no momento de adquirir o produto e agora, o seu objetivo é resolver o problema dele e não arrumar desculpas. É isso que os clientes esperam de você.

Se o problema não for seu, comprometa-se a acompanhá-lo, até que ele tenha sido solucionado. Clientes gostam de vendedores com atitude, que lutam por eles dentro das empresas.

Lembre-se de que o cliente não quer saber quem errou, ele quer ver o problema resolvido. Portanto, dedique mais tempo a solucionar o problema do que a encontrar um culpado.

7) **Jamais fale mal da concorrência**, um aluno me falou assim:

— Mas professor Bagattini, a concorrência quer esmagar a minha empresa a todo custo. Você não sabe o que eu escuto dos meus clientes e parceiros, o que eles saem dizendo de nós por aí.

— Marcelo, vou orientá-lo com duas dicas. A primeira, quando criticarem sua empresa, respire profundamente. Segunda dica, você não deve falar mal do concorrente, você deve falar bem de você, da sua empresa; esse deve ser o seu foco.

Todo mundo cai em tentação e fala algo da concorrência em algum momento da venda. Mas, cada vez que você fala mal da sua concorrência, em vez de mostrar valor no que faz, mostra ao cliente que está mais preocupado com a concorrência, do que com fechar a venda.

8) **Jamais diga para o cliente, você está errado**, nada de acusações e julgamentos na hora do atendimento. Mesmo que o cliente esteja entendendo ou agindo de forma errada, você não pode "apontar o dedo"

para ele e achar que ele ainda vai querer fechar a compra. Diga no lugar disso: “eu acho que está havendo um mal-entendido...” “Eu entendo o que você está me dizendo, por favor, deixe-me explicar melhor...” .

Um grande segredo do campeão de vendas do marketing pessoal

Viajei com centenas de vendedores por todo o Brasil, ensinei e aprendi muito com eles, aprendi o que não devemos fazer e também o que não podemos deixar de fazer. Mas, há os segredos dos campeões, alguns vendedores são excepcionais, eles realmente surpreendem com suas atitudes.

Vou lhe contar um episódio que ocorreu com um deles, primeiro lhe explicar que segredo é algo que não gostamos de contar, não porque não queremos que você aprenda, e sim porque é difícil de implementar, exige muita dedicação. Apenas os campeões de vendas conseguem aplicar.

Em fevereiro de 2002, estava no interior do estado de São Paulo viajando com o nosso vendedor o Roberto. Até então, eu conhecia o trabalho dele pelo resultado e pelo nosso diálogo por telefone. Eu não havia viajado com ele ainda, destinei dois dias para conhecer seu trabalho e também orientá-lo sobre os diferenciais dos nossos produtos – naquele momento, os produtos da nossa confecção.

Roberto me levou aos seus clientes e percebi rapidamente que ele tinha muita experiência e que os seus clientes gostavam muito dele, o que facilitou introduzirmos nossa marca na sua região.

Vamos ao segredo, reparei que o Roberto conhecia na sua maioria, a família do cliente, sabia o nome do esposo ou esposa, filhos e, em alguns casos, o nome do pai ou mãe. Até aí tudo bem, mas o diferencial do Roberto era que ele sabia ELOGIAR, sim, ele falava do filho com um adjetivo: cadê o Marquinhos, aquele menino inteligente?, onde está a Dona Maria, aquela mulher simpática?, e repetia, como sua mãe é inteligente; os elogios retornavam com sorriso, o que demonstravam o quanto os elogios eram verdadeiros. Elogiar os clientes, com toda certeza, é um dos segredos de campeão.

Não nascemos falando, nem andando, portanto, não nascemos vendedores. O que diferencia os campeões de vendas dos demais vendedores é a vontade de estar sempre aprendendo.

Desejo que você tenha muito sucesso!!!

13

Campeões de vendas sabem agregar valor aos seus produtos e serviços para vender muito mais

Neste capítulo iremos abordar como os profissionais de vendas podem agregar valor a seus produtos e serviços de forma estratégica e prática, com foco em resultados sustentáveis, incremento nas vendas e fidelização de clientes, se tornando uma referência na área de vendas, com excelência e alta performance

Luiz Carlos Lopes Jr.

Luiz Carlos Lopes Jr.

Administrador de empresas formado pela PUC, com MBA em *marketing* (Inst. Presb. Mackenzie), MBA em liderança e gestão organizacional (Franklin Covey), MBA em gestão de projetos (Fundação Dom Cabral). Título de comendador pela Associação Brasileira de Liderança, executivo na área comercial por 24 anos, com amplo conhecimento em planejamento estratégico, tático e operacional, gestão empresarial, inovação, vendas e *marketing* de produtos e serviços, aquisições, fusões e criação de empresas, implementação de planos, projetos e programas. Especialista em gestão estratégica, gerenciamento de negócios, com foco em resultados e geração de valor. Atua na gestão comercial de carteira de clientes, CRM, negociações, contratos, projetos e obras, parcerias estratégicas, relacionamento, *marketing*, vendas e atendimento a clientes e gestão da reputação empresarial. Consultor de empresas, professor universitário e palestrante licenciado da K.L.A. Educação Empresarial – regional de Jundiaí.

Contatos

www.grupokla.com.br/jundiai
luizcarlos@grupokla.com.br
Facebook: Escola de vendas e negócios K.L.A. Jundiaí
(19) 98817-9241

Vivemos um cenário de muita competitividade na economia de mercado, onde, por um detalhe, podemos vender ou não vender e, para isso, precisamos saber gerenciar o *marketing*. *Marketing* é um processo social por meio do quais pessoas e grupos de pessoas obtêm aquilo de que necessitam e o que desejam com a criação, oferta e livre negociação de produtos e serviços de valor com outros (KOTLER e KELLER, 2006).

Qual o valor ou preço do seu produto? A diferença entre preço e valor: preço é o que o cliente paga (a quantia em dinheiro) pelo produto/serviço e o valor é o que o cliente leva (tipos de valores: afetivo, simbólico, utilitário etc.), sendo assim, o cliente é que determina o valor de um produto ou serviço.

Valor não é o quanto custa para o cliente, não é o quanto custa para a empresa produzir, o material usado na fabricação etc. Valor é a composição da razão entre os benefícios e os custos, trabalhando em um ponto intangível, a percepção do valor pelo cliente. (MENSHHEIN, 2006).

Observe que quando a percepção do valor é superior à expectativa, há encantamento por parte do cliente; e quando a percepção do valor é menor do quer a expectativa, há desencantamento imediato do cliente.

É de percepção que tudo depende. A questão é: como alterar a percepção de valor do cliente? Resposta: introduzindo mudanças – materiais ou conceituais – que criem em sua mente novos significados, novas visões ou aplicações do produto ou serviço. (SHAPIRO, 2009).

As empresas produzem produtos e serviços semelhantes em qualidade, preço, canais de vendas, funcionalidade, estratégias de publicidade, condições comerciais etc.

Temos então a oportunidade de criarmos um diferencial competitivo, que é GERAR VALOR ao produto e serviço que ofertamos ao mercado, com mudança de atitudes e aplicação de técnicas para se tornar um CAMPEÃO DE VENDAS.

Não deixe que o medo de perder seja maior do que o desejo de ganhar uma cotação/licitação.

Pratique o senso de urgência, com foco e disciplina em suas negociações, de forma a gerar no cliente a percepção de que nosso produto/serviço tem alto valor e que o cliente é importante para você.

Outra prática importante é a lei da escassez. Ela é usada para impulsionar vendas, fazendo que o cliente compre o produto e serviço, por perceber que o que é "escasso" é mais valorizado.

Você deve informar ao cliente que o "produto" está acabando ou que o "pacote promocional" está terminando.

Você conhece os sonhos de seus clientes? Você sabe o que faz os olhos deles brilharem? Esta técnica deve ser utilizada para que o produto/serviço ofertado seja parte da realização destes sonhos.

O cliente deve imaginar, sonhar, refletir sobre a importância da compra e o que ela irá agregar em sua vida pessoal e profissional.

No processo de venda, você deve primeiro vender a si mesmo e depois seu produto/serviço.

Para isso, você deve realizar comentários que valorizem você como um vendedor conselheiro, alguém que se preocupa com seu cliente, conhece seus problemas e está ofertando soluções.

Ter uma ampla cultura geral, ler livros, artigos, revistas, se mantendo atualizado e estudar o mercado em que seu cliente atua. Comentando com ele, será um excelente diferencial gerador de valor.

Com relação ao preço de seu produto/serviço, existem situações que ele pode ser um valor agregado.

Saber trabalhar sua tabela de preços em relação ao valor que seu produto/serviço tem pode ser o caminho para a consolidação das vendas e da conquista de novos clientes que irão comparar preços e valor entre as opções existentes no mercado, e ao perceber que o seu produto/serviço "gera mais benefícios e resultados" com preço competitivo e diferenciais, poderá se tornar a principal alavanca decisória.

Você deve mostrar ao seu cliente que ele pode comprar valor e não preço, e negociar de forma estratégica preços, funcionalidades, valor agregado, ganhos adicionas, diferenciais em relação à concorrência, evitando descontos excessivos que podem prejudicar a sua empresa.

Se seu produto ou serviço resolve um GRANDE PROBLEMA dos seus clientes, com certeza este é o valor dele (EDÍLSON LOPES, 2017).

Nosso foco deve ser sempre de AGREGAR VALOR às pessoas e às empresas, de forma customizada e sustentável.

Apresentamos na figura abaixo um resumo sobre este importante tema.

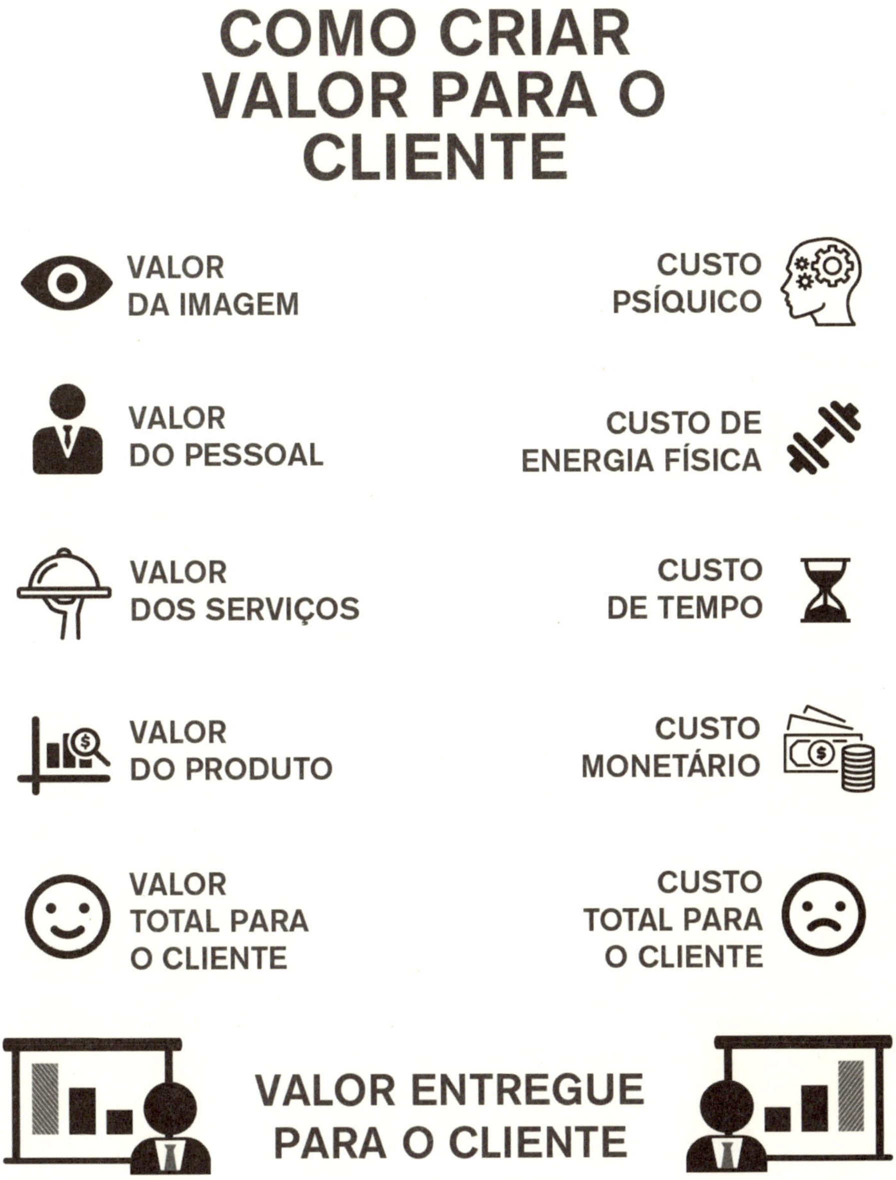

Referências

LOPES, Edílson. *Escola de Vendas K.L.A.*, 2017.

KOTLER, Philip; KELLER, Kevin Lane. *Administração de marketing.* 12. ed. São Paulo: Pearson Prentice Hall, 2006.

MENSHHEIN, Rafael. *Entrega de valor em marketing*, 2006.

SHAPIRO, Abraham. *Diferença entre valor e preço*, 2009.

14

O seu cliente é seu vendedor: construindo sua própria equipe de vendas

O tema "O seu cliente é seu vendedor: construindo sua própria equipe de vendas" é abordado de uma forma diferente e divertida, trazendo ao público alguns mitos criados em vendas e que, na maioria das vezes, são utilizados por vendedores medianos como se fossem verdades absolutas dos negócios. Surpreenda-se com as explicações dos mitos: a primeira impressão é a que fica e meu objetivo maior não é apenas efetuar uma venda

Marcio Contreras

Marcio Contreras

Escritor e conferencista internacional, Marcio Contreras começou seus estudos sobre alta performance da mente, com o objetivo de transformação pessoal e desenvolvimento da sua própria carreira. Por meio das aplicações das mais avançadas técnicas de desenvolvimento humano, alcançou não apenas o sucesso em sua carreira como executivo, mas também a maestria em diversificadas áreas de atuação. Aos 25 anos tornou-se professor de MBA da Fundação Getulio Vargas, músico e mestre em artes marciais. Estudou administração, ciências contábeis, teologia e filosofia russeliana. Além da vasta formação teórica, consolidou também, uma carreira bastante robusta, atuando em funções diretivas em grandes empresas de abrangência global. Contreras desenvolveu um profundo conhecimento da psicologia humana, são mais de 11.400 horas dedicadas ao estudo e pesquisa, uma sólida formação em grandes universidades, como Harvard University e formação direta com *experts* mundiais, como Anthony Robbins, Jeffrey Zeig e Dr. Richard Moss.

Contatos
www.marciocontreras.com.br
contreras.marcio@gmail.com

O maior vendedor que já conheci me disse com aquele olhar penetrante, mas caloroso:

— Vou lhe contar qual o primeiro mito sobre vendas.

Fiquei esperando que ele continuasse, porém, ele me olhava com aquele olhar penetrante, mas caloroso.

— Qual é? – perguntei.

Ele então continuou:

— A primeira impressão é a que fica.

Então eu disse:

— Eu sempre ouvi isso, que devemos nos importar com a primeira impressão em um primeiro contato com o cliente.

O vendedor milionário (apelido que eu dei para manter o anonimato dele), me daria a primeira grande lição naquele dia.

Ele era um mestre na arte de fazer negócios, já havia feito milhões em comissão, atuando na área de vendas de produtos financeiros e seguros, e era o meu mentor nesta área, em que eu estava engatinhando naquela época.

— A impressão é a primeira que fica. – repetiu ele.

— É uma verdade relativa, quando falamos de relacionamento com o cliente. – frisou o vendedor milionário.

— Digo que é relativa, porque a primeira impressão é fundamental sim, para iniciarmos um relacionamento interpessoal, porém não é o que fica, ou seja, não é o que fica gravado na memória de longo prazo do nosso cliente, é apenas um componente de todo o processo.

— Hoje, o que sabemos claramente é que o que realmente fica é a experiência emocional do cliente, não apenas na primeira impressão, mas toda a jornada, durante todos os momentos e pontos de interação do cliente com o vendedor, ou com a empresa.

Mal sabia eu que a maior lição ainda estava por vir.

Ele então continuou:

— Vamos ao segundo mito. Seu objetivo maior não é vender! – disse ele em voz de comando.

Naquele momento, não consegui esconder meu espanto e disse:

— Como assim meu maior objetivo não é vender?

Ele então, com aquela calma e sabedoria, própria de um mestre, disse:

— Grandes vendedores têm um esquadrão de vendedores que vendem para ele.

Eu, ainda um pouco atordoado com a colocação dele, tentando entender aquela frase, disse:

— Você quer dizer que um grande gerente tem um esquadrão de vendedores, certo?

Ele deu uma risada, não de deboche, mas de real deleite por ensinar alguém a evoluir e continuou me explicando:

— Não, eu não quero dizer um gerente, mas sim um vendedor, também não disse que um grande vendedor tem uma equipe que vende para ele, mas utilizei estrategicamente a palavra esquadrão, vou lhe explicar o que eu quero dizer, unindo os dois fundamentos por trás destes dois mitos:

— Quando você quebra o primeiro mito e aplica a correta lei dos grandes vendedores, você se importa com toda a jornada do cliente, você cuida dos mínimos detalhes, em todo o processo. Você entende que o impacto que causa em seu cliente começa no momento que ele entra em contato com sua empresa e continua durante o seu contato na venda, quando ele leva o seu produto embora, ou recebe o seu serviço e continua com o resultado ou benefício que ele deve ter com a utilização do seu produto/serviço.

— Você, como um vendedor consultor, precisa se preocupar em todas estas etapas, deve se preocupar que ele tenha a melhor experiência possível. Por exemplo, grandes vendedores de sapato se preocupam até mesmo se o cliente terá uma boa experiência na hora de abrir a caixa do seu produto ao chegar em casa, muitos deles colocam produtos aromáticos dentro da caixa para surpreender o cliente positivamente, com um aroma diferente e prazeroso ao abrir o embrulho. Este mesmo vendedor, se tiver vendido um tênis para prática de futebol, poderá ligar para seu cliente na próxima semana para saber se o mesmo teve uma experiência agradável em seu jogo no final de semana e se marcou algum gol.

O princípio por trás de tudo isso é chamado de experiência do cliente, que se resume em três principais perguntas:

1) O produto ou serviço atendeu ou superou as expectativas para que foi adquirido?

2) Durante o processo de compra a empresa diminuiu o esforço do cliente para a aquisição do produto ou serviço?

3) A emoção durante todos os pontos de contato com a empresa ou vendedor foram positivas?

— Quando o vendedor ou empresa responde positivamente a estas três perguntas, podemos dizer que ele está criando uma experiência positiva ao seu cliente.

— Para irmos para um patamar acima, e conseguirmos fazer o segundo princípio, que explicarei na sequência, é necessário maximizar e potencializar estas respostas o mais positivamente possível, criando um vínculo emocional positivo extremamente forte com seu cliente. Com este vínculo, você tem um cliente encantado e não apenas satisfeito, isso nos leva ao segundo princípio:

— "Clientes encantados trabalham para você".

— Este princípio traz para o mundo real a teoria de que o maior patrimônio do vendedor são os seus clientes.

— Se o vendedor tem um monte de clientes satisfeitos, ele apenas tem um bom campo para trabalhar e prospectar, porém, quando o vendedor tem um monte de clientes encantados, ele tem um esquadrão de clientes vendedores trabalhando para ele.

— Isso ocorre porque o cliente encantado precisa compartilhar sua experiência positiva, isso é inerente ao ser humano, nós precisamos compartilhar experiências e não fatos, por isso se a compra foi apenas um fato, um ato sem emoção, ele dificilmente irá compartilhar, porém, se a compra foi uma experiência positiva (ou negativa) ele irá compartilhar.

— Veja seus amigos nas redes sociais, geralmente estão compartilhando experiências emocionais.

O vendedor milionário me deu um tempo para pensar, enquanto me olhava com aquele olhar novamente, e prosseguiu:

— O meu segredo da prosperidade é aumentar cada vez mais o meu patrimônio de clientes encantados, faça isso e será milionário.

Eu fiquei extremamente animado, porém estava ainda um pouco cético com a ideia e perguntei:

— Isso realmente funciona na prática?

O vendedor milionário então me disse:

— Vou lhe dar um exemplo de uma empresa que criou um império com este conceito.

— Você já ouviu falar de *Tupperware*?

Respondi:

— Sim

— Pois bem. – continuou ele.

— A empresa criou as reuniões das amigas *Tupperware*, que é um evento desenhado para criar uma experiência extremamente positiva aos potenciais clientes.

— Os pesquisadores Davis e Taylor estudaram este evento e concluíram o seguinte sobre a experiência das clientes:

> *Tupperware* faz com que suas clientes comprem de uma amiga, a grande influência na tomada de decisão é feita pela atração, cordialidade, segurança e a obrigação da que a amizade exerce no ambiente de vendas. (Taylor, 1978)
>
> Isso nos leva a entender que o poder desta abordagem, na decisão de compra do produto, a força deste vínculo é duas vezes maior do que a preferência pelo produto em si. (Frenzen e Davis, 1990)

— Em resumo, a experiência do cliente e o vínculo que é criado entre as duas partes faz com que o cliente até pague mais por um produto que nem sempre é o melhor, isso pelo vínculo e a influência da experiência emocional criada.

— Por isso, é fundamental manter o contato com seus clientes após a venda em si, não apenas no aniversário dele, mas criar pontos de contato, se comunicando ao longo do tempo.

— Uma das principais ferramentas de um vendedor é um bom *software* de C.R.M. que automatizará a gestão destes contatos com o cliente.

— Agora, fique muito atento ao principal segredo neste processo de contato com seus clientes. – o vendedor milionário me alertou.

— Seus contatos devem ser relevantes e devem agregar valor ao seu cliente.

— Se você ficar enviando *e-mails* de promoções e tentando vender a todo contato, o efeito será reverso. Você criará antipatia, ao invés de emoção positiva. Você precisa levar algo de valor para seu cliente, seja via *e-mail*, por telefone ou pessoalmente. Entregue informações que ajudem o seu cliente de alguma forma. Isso criará um vínculo emocional positivo e um sentido de reciprocidade, seu cliente sentirá a necessidade de retribuir o bem que você está criando para ele.

Eu estava excitado com todo aquele novo conhecimento, mal podia esperar para colocar em prática o que aprendi naquele dia.

Com receio de esquecer algo ou deixar algum "segredo" passar batido, eu disse para o vendedor milionário:

— Deixe-me ver se entendi.

— Em resumo, os mitos que os vendedores medianos se baseiam são:

1) A primeira impressão é a que fica.
2) Meu objetivo maior não é apenas efetuar uma venda.

Que devem ser substituídos pelos princípios do vendedor milionário:

1) A experiência positiva do cliente é o que fica.
2) Meu objetivo maior é criar um esquadrão de clientes vendedores.

— Com estes dois princípios em prática, você irá aumentar exponencialmente os seus resultados, com muito menos esforço. – disse-me o vendedor milionário.

— Além de tornar muito mais prazeroso o seu trabalho de ajudar pessoas por meio do seu negócio.

Ele então continuou:

— Nunca se esqueça de que todo vendedor, antes de tudo, é um conselheiro que ajuda pessoas e negócios a atingirem seus objetivos. Quando faz isso, criando uma experiência positiva, você cria uma rede de aliados que o fará próspero. Utilize sempre a regra de ouro, tratando o outro como você gostaria de ser tratado.

15

Prospecção: quando, onde e como

Prospectar clientes, principalmente em momentos de crise, é um enorme desafio para as empresas e vendedores, e é uma das etapas essenciais do ciclo de vendas. Mas, utilizando as ferramentas certas, é que se aplaina o caminho para chegarmos ao resultado desejado

Marco Vieira

Marco Vieira

Empresário há mais de 20 anos. Professor, palestrante, graduado em ciências físicas e biológicas. *Life*, *professional* e *executive coach* pela Sociedade Latino Americana de Coaching. Mentor, instrutor de treinamentos e aconselhamento em vendas, liderança e gestão, diretor executivo da Escola de Vendas e Negócios K.L.A. – Pirassununga e região.

Contatos
www.marcovieira.net
marco@grupokla.com.br
Facebook: Marco Vieira K.L.A.
(19) 99169-4396

"Você nasceu para vencer, mas para ser um vencedor, você precisa planejar para vencer, se preparar para vencer, e esperar vencer."
Zig Ziglar

Há algum tempo, começar a trabalhar ainda criança era normal, e comigo não foi diferente. Em casa tinha que começar a trabalhar cedo e este cedo, tanto no horário como na idade. Quando tinha sete anos, aprendi a andar de bicicleta (meu irmão aprendeu com quatro), minha mãe ficou muito feliz ao me ver pedalar. No dia seguinte, ela acordou eu e meu irmão de quatro anos, de madrugada, colocou uma sacola de algodão na garupa da minha bicicleta, e me ensinou o caminho que eu teria que fazer para chegar até a lavoura. Tinha que pedalar aproximadamente três quilômetros para chegar e, depois, na hora do almoço, fazer o caminho de volta para tomar banho e ir para a escola. Isso aconteceu durante toda a safra de algodão.

Assim que terminou, eu já tinha oito anos, minha mãe me colocou para vender picolés. Fiquei oito anos naquele trabalho. O dia que mais vendia picolés era domingo. Mas, havia algo especial no domingo de manhã: jogo de futebol! E, em volta do pequeno estádio, multidões de pessoas ficavam ao redor dos muros, buscando uma brecha para assistir aos jogos pelo lado de fora, pois, para entrar, era preciso pagar o ingresso.

E era aquela luta, 10, 15, 20 carrinhos de picolés pelo lado de fora gritando: "olha o sorvete". A concorrência era grande.

Certo domingo, percebi que as pessoas que estavam fora do estádio, por não terem dinheiro para comprar o ingresso, raramente tinham para comprar picolés e vários "sorveteiros", como se chamavam na época, disputavam esses poucos "clientes". Dentro do estádio dificilmente havia um sorveteiro. Foi quando me veio a ideia de que quem tinha dinheiro para comprar meus picolés eram os que tinham condições de adquirir os ingressos.

Durante a semana, separei o valor para pagar o ingresso e vender dentro do estádio, e no domingo o fiz. Que maravilha! Encontrei o meu público-alvo e, assim, foram todos os domingos seguintes, acabei fazendo muitas amizades, e novas oportunidades foram surgindo, como servir os picolés em festas infantis.

Descobri onde estavam meus clientes, como chegar até eles, e quando eles estavam disponíveis para comprar meus produtos.

Quando se fala em prospecção, essa palavra assusta muita gente. Por que assusta? Porque ela exige movimento, demanda energia, tem que sair da zona de conforto e criar novos caminhos para chegar a novos clientes e, na maioria das vezes, temos que investir tempo e dinheiro para que isso aconteça.

Considerando pesquisas, mesmo com atendimento e produtos de excelência, perdemos até 6% dos nossos clientes anualmente, por motivos que não podemos evitar como, por exemplo, mudança de endereço e falecimento. Fazendo esta conta, não prospectando novos clientes, no prazo de cinco anos, perdemos em média 25% do nosso faturamento. Imagine daqui a cinco anos sua empresa vendendo ¼ a menos. Ela se sustenta? Isso sem contar com aqueles que deixam de comprar por outros motivos, dentre os quais, 65% por mal atendimento. Nesse caso, se você não prospectar, simplesmente sua empresa corre sério risco de fechar as portas em pouquíssimo tempo. Desse modo, a única maneira de continuar faturando é prospectando novos clientes.

Quando? Agora! Sempre! A palavra prospecção tem e deve ser parte constante do vocabulário na sua empresa. Porém, cada tipo de produto ou serviço são sazonais e, nesse caso, é necessário observar qual o melhor momento para contatar os possíveis clientes. Ao prospectar, a lógica é que esse cliente pare de comprar de meu concorrente, e passe a comprar da minha empresa. Mas, por que ele faria isso? Qual o atrativo que vou ter para ganhar a sua confiança?

O que ele tem a ganhar trocando o fornecedor? O que ele tem a perder se não utilizar meus serviços?

Se você, logo de início, não conseguir responder essas questões, dificilmente conquistará novos clientes, e preço não é fator para isso. Se o seu diferencial for apenas o preço, você poderá cair na armadilha do leilão, em que o tipo de cliente atraído não cria fidelidade com o seu negócio.

Um dia desses, abriu uma loja de artigos para festas. Como eu gosto muito desses locais, e de comprar doces em caixas fechadas e chocolates em barras, fui lá para conhecer. Já sou cliente de uma outra loja há muitos anos, mas novidades sempre nos chamam a atenção. O que ocorre é que a primeira impressão é a que fica, e isso não vai mudar.

Há alguns dias, eu e minha esposa fomos conhecer o estabelecimento, era um sábado à tarde, o movimento estava muito calmo. Pegamos o carro e nos dirigimos para lá. No meio do caminho já fomos criando as expectativas, já me imaginava comprando uma barra de chocolate meio amargo de 2 kg ou mais, minha mulher já imaginando os doces que daria para fazer. Ao chegar, a fachada até surpreendeu, 20 metros de frente toda colorida. Entramos e vimos a proprietária sentada no caixa, que fica no meio da loja, lá estava e lá ficou. Foi difícil entender que ela havia me desejado uma boa tarde. Os únicos clientes éramos nós dois e rodamos toda a loja, prateleira por prateleira, poucas luzes acesas, nada de som ambiente... Achei muito triste para uma loja de festas! Ninguém perguntou se queríamos uma ajuda e, após alguns minutos, saímos, achando que estávamos fazendo um favor em ir embora.

Quando vou à loja de festas que costumo frequentar, apesar do espaço físico ser pequeno, sou chamado pelo nome, fazem questão de mostrar as novidades que chegaram e quase sempre acabo levando mais do que fui comprar, porque quem me atende me dá ideias de como melhorar minhas receitas e, com certeza, é lá que vou continuar comprando.

Não adianta investir no imóvel, nos produtos e na propaganda, se não investir no atendimento. É como diz a máxima: se você quiser acabar logo com um produto ou serviço ruim, faça uma boa propaganda dele. O cliente quer produto de qualidade, atendimento de excelência e preço compatível. A prospecção somente será viável se, no mínimo, cumprir com esses requisitos, e isso já tem muita gente fazendo.

A pergunta que você tem que responder é: o que eu posso fazer de melhor? Onde eu posso inovar? Como fazer para as pessoas desejarem o meu produto ou serviço?

Há várias maneiras de prospectar clientes, mas primeiro deve-se ajustar o foco. Se não o fizer, será como se você fosse furar poços onde não há água encanada. O que dá mais resultados? Furar dez poços de um metro ou um de dez metros de profundidade? Não adianta dar tiros para todos os lados, é preciso ter direcionamento.

Você pode utilizar de vários meios para isso: ter um *site*, um *blog*, sua presença nas redes sociais, mandar *e-mails*, definir bônus e prêmios para clientes antigos indicarem clientes novos, mas um dos mais práticos e interessantes é fazer parceria com empresas não concorrentes, que têm clientes que podem vir a ser seus clientes. Por exemplo: você tem uma papelaria e consegue a base de dados de pais de alunos de estudam em uma escola, ou você tem uma loja de suplementos e consegue a base de clientes de uma academia de musculação.

Tudo isso é válido, mas onde e o como eu prospecto faz parte de um processo importantíssimo chamado de segmentação. É onde eu descubro qual o cliente para meu produto ou serviço e como chegar até ele de maneira assertiva. É essencial para se sobressair da concorrência prospectar novos clientes e montar estratégias de *marketing* e ações pontuais, para aumentar o valor percebido dos meus produtos ou serviços pelos clientes e melhorar o posicionamento da marca.

A segmentação pode fazer a empresa repensar produtos e serviços, como aconteceu com a empresária Beatriz Cricci da BR Goods. Ela fazia cortinas para banheiro e os negócios não iam bem. Foi quando o hospital Albert Einstein encomendou para que ela fizesse divisórias para leitos do hospital. Nesse momento, ela viu uma possibilidade de mudar o seu foco e segmentar melhor seu mercado. Com isso, cresceu cinco vezes em um período de 18 meses e fechou o ano de 2016 com um faturamento de R$ 6 milhões.

Após concluído o trabalho de segmentação, você terá em suas mãos o que há de mais valioso para um processo efetivo de vendas: um banco de dados. Sempre o mantenha atualizado, cuide com muito zelo e faça uma qualificação em níveis: alto, médio e baixo. Veja as estratégias que você utilizará para cada nível e quais os produtos ou serviços serão oferecidos. O grande erro de quem não segmenta é oferecer produtos de maior valor agregado para grupos que não têm condições de comprar, o que leva a crer que aquela empresa só vende produto "caro" e também oferece produtos de valor baixo para grupos de maior poder aquisitivo, o que pode acabar por desmerecer a qualidade dos produtos ou serviços. A empresa que segmenta passa a farejar as necessidades e os sonhos de seus clientes.

Lembre-se: prospectar não é vender. O objetivo da prospecção é construir uma ponte entre você e seu futuro cliente. Construa verdadeiras e as mais belas pontes, tire as barreiras, tenha entusiasmo, tenha um prazer genuíno naquilo que você faz que, com certeza, você terá muito sucesso.

16

Marketing de relacionamento: conquistando e mantendo clientes

Em outubro de 2017, o diretor de *marketing* de uma grande empresa divulgou a análise dos resultados obtidos com um de seus produtos, que mostrou que 48% das pessoas compradoras de seu produto provinham de indicações de seus clientes. *Marketing* de relacionamento tem o objetivo de fortalecer o relacionamento entre sua empresa e seu cliente. Porque clientes satisfeitos indicarão você e a sua empresa

Pedro Bagattini

Pedro Bagattini

Publicitário, gerente de *marketing* da unidade do Grupo K.L.A. Educação Empresarial de Florianópolis. Atua na área de *marketing* desde 2013.

Contatos
www.pedrobagattini.com.br
pedro@grupokla.com.br
pedro@grupobagattini.com.br
Facebook: Pedro Bagattini
(48) 99982-1613

Aos 14 anos de idade, com o incentivo de meu pai, iniciei o curso de *web design*. Naquele momento e com aquela idade, iniciei, sem saber que o curso traria uma das maiores lições na minha vida, a de estar sempre em busca de novos aprendizados. A partir daquele momento, comecei a ser um estudante ávido deste mundo.

Com 15 anos, comecei a trabalhar com produção de vídeos para jogadores de futebol, a realizar trabalhos *freelancer* como *web* e *designer* e comecei a compreender, cada vez mais, a importância que um material de qualidade tem na venda de um produto ou serviço.

Com 16 anos, participei de um projeto de curtas-metragens, onde jovens produziam e editavam um filme que seria estreado no cinema local e disputaria prêmios com outros seis. O filme, dirigido por mim, recebeu três prêmios, o prêmio de melhor diretor, prêmio júri popular e ganhou como melhor filme. Estes prêmios foram reflexo de um trabalho em equipe, mas, também, com a minha experiência e paixão em produção de vídeos, direção de arte e, em mente, uma frase que escuto de meu pai e mentor, Luiz Bagattini, desde criança: "se iniciou um projeto, dê o seu melhor".

Naquele momento, a minha paixão pelo *marketing* estava só começando e era notável a minha vontade de aprender, minha habilidade e criatividade em deixar as coisas mais atraentes. Foi, então, que, aos 17 anos, recebi a indicação de uma amiga da família, Bruna Bett, para estagiar no *marketing* da Unimed Grande Florianópolis, porém, eu havia recém-saído do ensino médio, ainda não estava na faculdade e um dos pré-requisitos para ser contratado era estar em um curso de graduação na área de publicidade ou *marketing*.

A vaga era minha, eu era o profissional que eles estavam procurando. Então, poucos meses depois, com a matrícula no curso de publicidade e propaganda em mãos, iniciei o estágio no *marketing* da Unimed.

Ficou claro para mim que uma indicação não surge por acaso, ela precisa ser lapidada durante um tempo, para ser indicado para Unimed, levaram pelo menos três anos de aprendizado e trabalho, para então ser notado e surgir uma oportunidade para se concretizar. Assim será com nossos clientes, é preciso estar ao lado deles, mostrando nosso objetivo de forma clara, para quando a oportunidade surgir, eles lembrem de você e indiquem o seu produto ou serviço.

O principal objetivo do *marketing* de relacionamento é fortalecer o relacionamento entre a empresa e o cliente, e como resultado deste fortalecimento, vêm as indicações.

Saiba que as pessoas não compram o que você faz, elas compram o porquê você faz. Então, qual o seu objetivo como empresa? Como vendedor? Ele está claro para os seus clientes? "Eu quero ver meu cliente prosperando", "eu quero ver meu cliente sendo beneficiado com meu produto", "eu quero ver meu cliente feliz por utilizar o meu serviço". Esses são alguns exemplos, você deve adaptar para aquilo que você acredita, porque, assim, você transmitirá tudo de forma natural, durante o contato com o seu cliente.

Quando somos bem atendidos e percebemos o interesse real das organizações de estarem ao nosso lado e nos ajudarem, queremos contar esta experiência para nossa rede de amigos e familiares. Indicamos sem perceber.

Sempre comento de uma experiência que tive com a Apple. Desde o contato via *chat*, telefone e pessoal, foi um atendimento humanizado. Eu precisava configurar um *Apple Watch* que estava com problemas, iniciei o contato pelo *chat*, mas como precisava ser algo mais técnico, a atendente Fabiana agendou uma ligação e, em seguida, me ligou. Perguntou se eu poderia fazer alguns testes mais longos ou estaria com pressa para resolver? Como eu estava com tempo, fiquei aproximadamente 40 minutos no telefone. Durante os processos de atualização do *software* do aparelho, conversamos sobre minha experiência com os outros produtos da Apple. Ela instigou minha opinião sobre determinados aplicativos, o que fez a ligação passar de forma rápida. Ao notar que o problema do aparelho era de fábrica, logo agendou um horário para ir até a assistência técnica próxima para fazer a troca do mesmo, por um novo.

O atendimento foi tão marcante que até mesmo o nome da atendente eu gravei. Toda essa experiência com a empresa nos deixa a impressão de que eles estão ao lado do cliente. Faz com que eu não apenas compre novos produtos, mas também esteja aqui falando sobre a marca, indique e influencie a decisão de compra de outras pessoas próximas a mim.

É neste ponto que eu quero chegar, nosso cliente tem o poder de indicar nosso produto ou serviço e ele só o fará dependendo de como for a experiência com a nossa empresa, com o nosso vendedor e como ele manterá esse relacionamento após a compra.

Porque a experiência do cliente não acaba após ele fazer a primeira compra, neste momento ela está apenas começando. Como na história do meu estágio na Unimed, após a indicação, precisei mostrar que eu era realmente qualificado, no momento que comecei a estagiar, precisei continuar aprendendo e me desenvolvendo. Com isso, depois de dez meses, veio a minha promoção na empresa. E três anos após sair da Unimed, recebi a notícia, por meio da Bruna Bett, de que a minha contratação como estagiário foi a melhor já feita naquele setor.

Como obter resultados com o marketing de relacionamento

O resultado com o *marketing* de relacionamento vem com o tempo e, se mantido, proporciona resultado sólido. O tempo de construção de um relacionamento varia de cliente para cliente. Você deve ter paciência, e não esperar o resultado da noite para o dia. As pessoas gostam de fazer negócios com empresas sérias, com objetivos claros, que resolvem prontamente os problemas dos clientes e as auxilia em seu crescimento. (Se for o caso)

A empresa que gerencio vem colhendo os benefícios do *marketing* de relacionamento, o aumento do índice de clientes satisfeitos, clientes mais próximos, com crescimento cada vez maior em suas áreas de atuação, e permitindo a propagação do que ainda é considerado por Philip Kotler, um dos tipos de propaganda que mais trazem resultado, o boca a boca.

Oito dicas de relacionamento

Dica 1: faça por seu cliente aquilo que ele gostaria que fizesse por ele

Precisamos entender que cada cliente tem necessidades, anseios e expectativas diferentes das nossas, por isso, primeiro precisamos analisar o que nosso cliente gostaria que fizéssemos por ele, para, a partir deste ponto, estarmos superando suas expectativas e praticando o "encantamento", pois não temos uma segunda chance para causar uma primeira boa impressão. Podemos ver o resultado desta ação no depoimento de um cliente abaixo:

"No primeiro dia de aula, eu estacionei no local errado e precisaria sair cinco minutos antes do término do curso, para poder retirar meu carro da vaga. Avisei a equipe de vocês e, no decorrer do curso, não me dei conta do tempo. Quando vi, já estava encerrando a aula, ao olhar no relógio, o horário era exatamente o que eu precisava para sair, ao chegar no *hall* de entrada, a equipe estava segurando o elevador no andar, me aguardando para descer. No térreo, a porta de entrada estava aberta, pronta para eu passar. Isso pode não ter sido 'nada ' para vocês, mas para mim foi o tempo necessário para eu chegar ao estacionamento, que estava fechando e ser o último a retirar o carro. Toda essa preocupação com o cliente mostra que a empresa realmente faz aquilo que ensina".

Com a sua mente focada em encantar, você verá as oportunidades a sua frente, aproveite-as para criar uma aproximação com o seu cliente.

Dica 2: experiência positiva

Temos em mente que desde o primeiro contato que o cliente tem com nossa empresa, ele já está tendo uma experiência, que pode ser positiva ou negativa.

Quando ele se matricula em nosso programa de desenvolvimento, recebe um *e-mail* individual de boas-vindas e também o acesso a um portal de conteúdo. Por estarmos no mercado do conhecimento, estudamos diariamente e criamos materiais exclusivos como: artigos, *e-books*, guias e vídeos com conteúdo prático, que disponibilizamos gratuitamente aos nossos clientes.

Dica 3: celebre as conquistas dos seus clientes

Quando nosso cliente conquista uma vitória em sua carreira, nossa equipe separa um material especial para parabenizá-lo, como no caso de uma aluna, que iniciou o curso desempregada, e no decorrer do treinamento, ingressou na empresa que gostaria. A equipe se prontificou a separar um material e entregar em sua empresa, o que a estimulou a postar espontaneamente uma mensagem de agradecimento para a equipe nas redes sociais. Gerando um *marketing* espontâneo para a empresa.

"Minha gratidão mais uma vez à equipe, por este maravilhoso presente, que será de grande valia na minha carreira! Se o treinamento é impecável, imagina o livro. Por todos estes motivos e pela equipe excepcional, eu os indicarei sempre!!!"

Dica 4: celebre com seus clientes

No término dos cursos, são realizadas formaturas, um momento de celebração para o aluno, sua família e para a nossa empresa.

Esta ação é importante para o relacionamento, pois é um momento onde o formando tem a oportunidade de trazer a sua família para celebrar com ele. Muitos dos alunos que estão ali nunca participaram de uma cerimônia de formatura, então é uma oportunidade única proporcionada a ele e que ficará na memória.

Dicas 5: agradecimento

No dia seguinte, ao término do curso, é enviado um *e-mail* de agradecimento individual, com o intuito de agradecer o aluno pelos três meses de participação no curso, as fotos da formatura e enfatizar que continuamos à disposição, mesmo após o termino do programa de desenvolvimento.

Dica 6: entrevistas

Realizamos entrevistas no final de cada módulo do Programa de Desenvolvimento Empresarial com nossos alunos. Com o intuito de elevar a autoestima do cliente e aumentar sua proximidade com a nossa empresa.

Dica 7: sentimento de exclusividade

Nossos clientes estão acostumados a receber o que chamamos de "*spam*", mensagens indesejadas enviadas para ele. No início, enviadas por *e-mail*, o "*spam*" está chegando também ao *WhatsApp*, por meio das listas de transmissão, onde é possível enviar uma mensagem padrão para uma lista pré-selecionada.

Recebemos diariamente inúmeras mensagens, fotos e vídeos que não queremos e que não são destinados apenas para nós. Nosso cliente também recebe, por isso, nossa empresa optou por "humanizar" estas ações, o que demanda mais tempo, mas tem nos gerado mais resultado.

Mesmo na era digital, nosso cliente continua querendo se sentir exclusivo, por isso a estratégia de enviar mensagens individualizadas, focadas em cada cliente, tem trazido resultados positivos.

Dica 8: planejamento

É imprescindível você planejar as ações de *marketing* de relacionamento. Antes de iniciar qualquer ação, devem ser planejados os pontos que serão positivos em relação à experiência que o cliente terá com a empresa, e mensurar os benefícios que trará a ele, e também se a campanha poderá ser sustentada, caso o responsável por ela venha a se ausentar e qual impacto teria, caso essa ação tivesse que ser cancelada.

A regra de ouro que utilizamos em nossa empresa é: jamais inicie uma campanha de relacionamento que você não possa sustentar no futuro. Qual imagem o cliente terá da empresa, caso ele receba um presente em seu aniversário neste ano e seja esquecido no ano que vem?

Por este motivo, é de suma importância manter a periodicidade e a permanência das ações de relacionamento, podendo fazer um *upgrade* das mesmas, mas não as parar sem que seja feito um estudo prévio de outras formas para mantê-las.

Marketing **de relacionamento começa pelo líder**

O *marketing* de relacionamento, para trazer resultado, primeiro deve estar incorporado na mente do líder e enraizado como cultura da empresa.

Todos devem trabalhar com um único objetivo. Em nossa empresa, todos trabalham com o objetivo de levar conhecimento empresarial para o maior número possível de pessoas e de empresas, com esta base, adaptamos as ações de relacionamento, para que essa missão seja transmitida em todo contato com o cliente. Para que estejamos sempre na mente dele.

Sem o *marketing* de relacionamento, não teríamos o resultado que obtivemos em 2017, em que 48% de nossos alunos de uma turma provieram de indicações, ou seja, alunos satisfeitos indicando nosso produto. Nossa equipe é focada em um ótimo relacionamento, é focada em realmente levar soluções para o nosso cliente, mesmo que ele não venha comprar nosso produto hoje.

Muitas empresas, quando se deparam com a situação de entregar solução para o cliente e o mesmo não vir a comprar hoje, interrompem o relacionamento, mas este é um erro, devemos sim continuar na mente dele, continuar o relacionamento.

O *marketing* de relacionamento é um diferencial competitivo nas empresas que o aplicam. Espero que você, vendedor ou dono de uma empresa, incorpore o relacionamento como algo cultural. Lembre-se: o *marketing* de relacionamento tem o objetivo de fortalecer o relacionamento entre sua empresa e seu cliente.

A procura do cliente pela nossa empresa no futuro está diretamente ligada ao quão próximos estamos dele no presente.

17

Credibilidade: o melhor cartão de visitas do vendedor

No cenário competitivo em que vivemos, não basta conhecer bem o produto e ser comunicativo para ter sucesso em vendas. Ter a confiança do cliente passou a ser o fator mais importante, e isso se conquista por meio da credibilidade

Renato Maggieri

Renato Maggieri

Formado pela Universidade Presbiteriana Mackenzie e com dois títulos de MBA – em Gestão Empresarial, pela FGV, e em *Executive Seminars* pela Rockford College, Illinois – EUA. *Master Trainer* em programação neurolinguística, *trainer of trainers* na metodologia CEFE (competências econômicas via fortalecimento do empreendedorismo). Especialista em negócios familiares, auxiliando empresários a potencializarem seus resultados, aplicando o que há de mais moderno em desenvolvimento humano e melhores práticas empresariais no mundo dos negócios. *Designer* de Treinamentos, constelador estrutural, pela SySt® Alemanha. *Business coach* sistêmico, com abordagem de perfil de personalidade do DISC e do Eneagrama. Carreira consolidada como auditor e executivo financeiro de empresas de grande porte, por mais de 18 anos. Consultor em corporações de diferentes segmentos, desenvolvendo estratégias empresariais, reorganização financeira, *valuations* e *startups*.

Contatos
www.grupokla.com.br/indaiatuba
renato@grupokla.com.br
(19) 99471-0724

Desde criança, aprendi com minha mãe que credibilidade é algo que se leva uma vida toda para construir, e um minuto para destruir. Durante a minha jornada, tendo já atendido mais de 300 empresas e mais de 1000 empresários, descobri que a construção da credibilidade é um processo, que leva tempo e requer muita atenção. E mais recentemente, constatei que a credibilidade é um dos maiores patrimônios que um vendedor deve possuir.

A credibilidade é a base da confiança. Se as pessoas não confiam no vendedor, elas não vão confiar no produto. Então se credibilidade é fundamental para um vendedor e sua construção é um processo, qual é caminho das pedras para atingir esse tão nobre padrão? Tornar-se um vendedor profissional pode não ser o objetivo de todos os leitores deste livro, contudo, é de extrema importância reconhecer que todos nós sempre estamos vendendo algo.

O melhor médico do mundo, se não souber vender suas ideias, sua imagem e comunicar sua competência, certamente, não será valorizado.

Um advogado altamente técnico, profundo conhecedor da constituição, das leis e dos códigos, se não souber vender a si mesmo, provavelmente terá que disputar clientes com seus colegas menos preparados. Em todas as profissões, atividades e até mesmo em áreas da vida pessoal, sempre estaremos vendendo algo, nem que sejam opiniões, ideias e influências. Por reconhecer isso e por ter me deparado com centenas de pessoas que se julgam incapazes de vender, me senti motivado a escrever um guia prático e objetivo a todos aqueles que gostariam de se tornar mais credíveis e, consequentemente, realizar melhores vendas, seja em sua profissão ou até mesmo na vida pessoal.

A jornada rumo à credibilidade

Tenho defendido em minhas palestras, mentorias e encontros com meus clientes, que toda mudança significativa e permanente, via de regra, não se dá em um evento, mas, sim, requer um processo.

Ocorre que no mundo do *fast-food* e do forno de micro-ondas, as pessoas estão um tanto sem paciência para processos longos. Principalmente os jovens querem resultados rápidos, de preferência, que ocorram em um evento, em uma palestra, ou *workshop*.

Aqui neste capítulo, quero ajudar o leitor a estabelecer um processo de construção de credibilidade e, consequentemente, resultados relevantes em vendas. Este processo é composto pela seguinte equação:

Diagnóstico honesto + Disposição de mudar + Novos comportamentos = Resultados desejados

Isso definido, vamos então descrever cada uma das variáveis da equação acima:

I. Diagnóstico honesto

Estudando sobre como vender mais, aprendi sobre a fórmula vxc=r e, rapidamente, percebi o quanto ela seria útil para realizar um diagnóstico sobre a real situação da credibilidade de uma pessoa que deseja vender e ter sucesso financeiro com vendas.

Aplicando a fórmula vxc=r

Considerando que "v" seja visibilidade, "c", credibilidade e "r", resultados obtidos, vou demonstrar abaixo um exemplo de aplicação, da seguinte forma:

• Atribuindo uma nota para visibilidade, ou seja, de zero a dez, qual seria uma boa nota para o quanto as pessoas conhecem o vendedor, seu produto ou serviço;

• Em seguida, atribuo uma nota para o quanto o vendedor, seu produto ou serviço são credíveis, confiáveis e recomendáveis;

Neste exemplo, vamos atribuir uma nota 8 para visibilidade e nota 5 para credibilidade, nesse caso, teríamos: 8 x 5 = 40.

O que equivale dizer que essa pessoa está aproveitando apenas 40% de seu potencial de vendas. É importante notar que se uma das variáveis for zero, o resultado será zero. Uma vez entendido o raciocínio e a aplicação da fórmula, só nos resta realizar um diagnóstico honesto a respeito da sua credibilidade. Vamos lá?

• Atribua agora uma nota para a sua visibilidade, ou seja, de zero a dez, qual seria uma boa nota para o quanto as pessoas o conhecem e sabem a respeito de seus produtos ou serviços;

• Agora, vamos atribuir uma nota para o quanto você, seus produtos ou serviços são credíveis, confiáveis e recomendáveis:

[ ] X [ ] = [%]

Este é o resultado percentual do seu potencial de realizar vendas e ganhar dinheiro.

O resultado o deixou satisfeito?

Este resultado pode melhorar?
Sempre dá para ser melhor.

II. Disposição de mudar

Mudar exige disposição, coragem e força.

Em teoria, todos gostam de mudanças, mas quando as mudanças acontecem nos outros. Quando a necessidade de mudança é em nós mesmos, ela exige um grande esforço interno, que começa pela mudança da mente, e quando a mente muda, ela controla o coração e todo o resto. Esse esforço não é um esforço qualquer, uma vez que é o esforço de vencer a si mesmo, de encarar o medo, que nos mantém acomodados em nossa zona de conforto. Mudar requer tomar uma forte decisão contra o *status quo* e isso dá trabalho. A forma de se manter motivado nos momentos mais difíceis do processo da mudança é não perder a visão das recompensas e dos benefícios. E no caso do assunto que estamos tratando aqui, é a construção da credibilidade que redundará em melhores vendas e, consequentemente, ganhar mais dinheiro. Uma vez entendido que o processo de mudança não será automático e que vai demandar determinação e ação, o que precisa ser mudado? A seguir, veremos isso de forma bem didática.

Novos comportamentos
7 Passos para construir credibilidade:

1. Torne-se um especialista

Se algum dia uma pessoa muito querida for acometida por uma grave doença, que tipo de médico você procuraria? Um médico que entende um pouco de cada coisa ou um médico especialista na cura dessa determinada doença? Obviamente que o especialista! Esse mesmo raciocínio se aplica ao momento em que alguém vai gastar seu dinheiro. As pessoas não compram produtos ou serviços, compram soluções! Elas só gastam seu dinheiro quando têm problemas a serem resolvidos. E para obterem soluções para os seus problemas, elas preferem especialistas. E como se tornar um especialista? Estudando, pesquisando, assistindo vídeos, lendo livros e artigos sobre o seu mercado, seus clientes, seus produtos, enfim, tudo. Entendendo que sempre há o que aprender e que nunca se sabe tudo sobre nada.

2. Venda a si mesmo

Estudiosos em PNL (Programação Neurolinguística) afirmam que "ninguém comprará nada de você, sem comprar primeiro a você".

Esse processo de venda de si mesmo está muito ligado a detalhes. Detalhes esses que, individualmente, podem passar despercebidos, mas que são fundamentais à transmissão de credibilidade e confiança. Vejamos quais são:

a) **Olhar nos olhos do interlocutor:** não há nada mais frustrante do que conversar com alguém com olhar disperso. Um olhar firme nos olhos do interlocutor é imprescindível à comunicação de confiança;

b) **Vestir-se adequadamente:** cada ocasião, ou cada tipo de venda demanda um tipo específico de vestimenta. Além de conferir autoridade, a vestimenta interfere na autoconfiança do vendedor;

c) **Tenha uma postura de autoconfiança:** alguém que acredita em si mesmo e nos produtos ou serviços que vende tem chances muito maiores de convencer potenciais compradores, postura titubeante transmite insegurança. Cliente inseguro não compra;

d) **Entusiasmo:** entusiasmo é um grande interesse, um intenso prazer, uma dedicação ardente, uma paixão, uma veemência com o que se fala do que se pretende vender. Entusiasmo, em relação à etimologia, deriva do grego *enthousiasmos* que significa "ter um deus interior" ou "estar cheio de Deus". Uma pessoa que está cheia de Deus certamente transmitirá credibilidade.

3. Cause uma boa primeira impressão

"Você nunca terá uma segunda oportunidade de criar uma boa primeira impressão". "A primeira é a que fica".

Essas são frases de sabedoria popular que não há como discordar delas. Estudos apontam que os primeiros 30 segundos de um encontro com um interlocutor são fundamentais na decisão dele, entre gostar e não gostar de você, ou ainda confiar ou não confiar em você. Há detalhes e comportamentos que fazem a diferença, dentre eles:

a) **Sorria:** um sorriso abre portas, comunica que o outro é bem-vindo e que você está aberto;

b) **Aperto de mão:** um cumprimento com aperto de mãos é sempre uma boa opção. Há pessoas que não gostam de abraços e beijinhos no rosto. Prefira sempre, em um primeiro contato, o aperto de mãos, firme, porém não muito forte, olhando nos olhos e com um sorriso no rosto;

c) **Boa aparência:** além da indumentária, que tratamos anteriormente, para os homens, é muito importante cabelo bem cortado e barba bem-feita, não importa se opção seja por ela raspada ou pelo uso de barba comprida. O que não se recomenda é barba por fazer. Para mulheres, sem dúvida, uma maquiagem discreta propiciará uma melhor aparência.

4. Ouça o cliente

Um estudo feito pelo Sebrae aponta que 68% das vendas são

determinadas pela forma como se atende a clientela. Inclui-se nesse atendimento todo o contato que se estabelece entre o público e a empresa. Desde o acesso ao ponto, passando pela recepção, produtos e serviços oferecidos, até as formas de pagamento. Só é possível atender bem e, consequentemente, ter sucesso nas vendas, se você conhece seu público, e a melhor forma de conhecê-lo é ouvi-lo. Ouvir com atenção favorece o aumento da credibilidade.

5. Não tente empurrar

Obviamente que o desejo de um vendedor é vender, mas vender sempre e não apenas uma única vez. Haverá momentos em que não teremos um produto ou serviço adequado ao desejo do interlocutor. Nessa hora, a decisão mais sensata é ser honesto e dizer claramente que não há possibilidade de atender e, mais ainda, se possível, faça uma boa indicação. Isso transmitirá seriedade e credibilidade, possibilitando vendas futuras. Se o cliente se sentir enganado ou comprar algo que não deseja, certamente não voltará a procurar o vendedor que "empurrou" uma venda.

6. Exponha-se

"Qualquer forma de contato com o cliente é uma forma de transmitir credibilidade". Vocês se lembram da fórmula v x c = r, descrita no item diagnóstico honesto? Pois bem, ser visível é tão importante quanto ser credível. Abaixo, descrevo algumas formas de ter visibilidade para gerar credibilidade:

a) Ter um bom *site* e páginas em redes sociais atualizadas: *sites* e redes sociais desatualizadas trabalham contra a credibilidade, na verdade, podem até transmitir uma imagem de descuido. Chego a defender que é melhor não ter nada do que ter comunicação eletrônica desatualizada;

b) Participar de grupos de *networking*: um grupo de relacionamento profissional talvez seja a forma mais eficaz de gerar visibilidade e credibilidade simultaneamente. O BNI® é uma consagrada organização de *networking* de negócios. Os membros são profissionais de negócios que ajudam uns aos outros a desenvolverem seus negócios, por meio de seu compromisso, adotando o princípio do Givers Gain®. Todas as semanas, em comunidades no mundo inteiro, os membros se reúnem com outros respeitados líderes de negócios para construir e intensificar relacionamentos duradouros e passar referências de negócios qualificadas.

7. Cuide da imagem

Nunca podemos esquecer que qualquer pessoa que deseja vender se torna uma pessoa pública, portanto, se é importante se expor, é mais importante ainda tomar cuidado com o que é exposto. Opiniões políticas, religiosas, sobre times de futebol e outros assuntos polêmicos não devem ser expostas em redes sociais, pois isso pode gerar antipatia e macular a credibilidade.

III. Resultados desejados

É muito importante checar os resultados que estamos obtendo com todas essas ações e mudanças de comportamento. Há uma história fantástica sobre esse tema, com a qual eu encerro este capítulo:

Um menino entrou em um armazém, empurrou um engradado de refrigerante que estava ali, para baixo do telefone público.

Subiu no engradado para que pudesse alcançar os botões do telefone e começou a discar. O proprietário da venda observou e ouviu a conversa.

Menino:

— Senhora, será que posso passar aí para cortar a sua grama?

Mulher (no outro lado da linha telefônica):

— Já tenho alguém para cortar meu gramado.

Menino:

— Eu vou cortar o seu gramado pela metade do preço da pessoa que corta seu gramado agora.

Mulher:

— Estou satisfeita com a pessoa que está cortando meu gramado.

Menino (com mais perseverança):

— Senhora, eu vou varrer sua varanda e até mesmo sua calçada, então no domingo terá o gramado mais bonito da cidade.

Mulher:

— Não, obrigada.

Com um sorriso no rosto, o garoto desligou o telefone. O proprietário do armazém, que estava ouvindo tudo isso, caminhou até o menino.

Proprietário do armazém:

— Filho, eu gostei da sua atitude e do seu espírito positivo e gostaria de lhe oferecer um emprego.

Menino:

— Não, obrigado.

Proprietário da venda surpreso:

— Mas você parecia precisar muito de um emprego, agora mesmo ao telefone.

Menino:

— Não, senhor, eu estava apenas verificando o meu desempenho no trabalho que eu já tenho. Eu sou o jardineiro que está trabalhando para a senhora com quem eu estava falando! Este é um excelente exemplo de credibilidade conquistada! Concluo desejando a você, leitor, muito sucesso em todas as áreas da sua vida.

18

Client share: aumentando as suas vendas naqueles que já são seus clientes

Neste capítulo mostraremos as estratégias para que suas vendas sejam ampliadas em seus clientes atuais. Atividades de compreensão das demandas e necessidades dos clientes, bem como das suas angústias e insatisfações, são oportunidades para suprir, com excelência de produto, serviços e atendimento, suas necessidades de forma plena, superando a participação de concorrentes e ocupando maior espaço na carteira de cada um dos clientes. A fidelidade, por meio do entendimento e encantamento, é um fator que levará os clientes a comprarem mais e o ajudarem a vender mais

Roberto Alonso Ribeiro

Roberto Alonso Ribeiro

Graduado em *marketing*, possui especialização em *marketing* de varejo e MBA em *marketing* pela FIA/FEA-USP, com participação em várias edições do Fórum Mundial de Marketing e Vendas, Sales & Innovation – HSM/SP. Atuou nas áreas comerciais e *marketing* em empresas como Grupo Machline, Rima Impressoras, Grupo Folha, Folha de S. Paulo, Editora Moderna, Fundação Instituto de Administração-FIA, entre outras. Consultor, professor de cursos de pós-graduação e MBA, nas áreas de *marketing* e vendas na FIA *Business School*, e na pós-graduação CEGPS da Poli-USP/FCAV. Colaborador do Centro de Estudos Sociedade e Tecnologia da USP, diretor de relações institucionais da Associação Paulista de Fundações, membro do conselho e colunista do Observatório do Terceiro Setor. Palestrante, certificado pela K.L.A., onde ocupa o cargo de diretor e mentor na K.L.A. Osasco e Alphaville-SP. Autor do Guia Folha de Mídia e de artigos sobre *marketing*, comunicação e vendas em diversos veículos. É apaixonado por *marketing*, *marketing* digital, CRM e, principalmente, vendas.

Contatos
www.robertoalonso.com.br
www.grupokla.com.br/alphaville
roberto@robertoalonso.com.br
Linkedin: linkedin.com/robertoalonso1
Lattes: http://lattes.cnpq.br/1732160816795282
(11) 97334-2138

"Conquistar um cliente novo custa de cinco a sete vezes mais do que fidelizar os que já temos." (Phlip Kotler)

Jagdish Sheth, professor do MIT Massachusetts Institute of Technology, vai além: "um cliente insatisfeito custa o lucro de cinco clientes satisfeitos."

Em tempos de concorrência entre empresas de diversos portes, o *market share* cede seu lugar para o conceito de *client share*. A mudança consiste em um modelo que passa da busca pela maior venda de produtos comuns, para maiores vendas de novidades.

Esta metodologia propõe o cultivo de bons relacionamentos, atividades e processos que fidelizem clientes e ampliem as vendas. Portanto, a criação de relações a longo prazo passa por um modelo de conexão individual com o consumidor e com cada um dos clientes.

Empresas e marcas conectadas ao seu cliente estreitam as relações com ele, ao mesmo tempo em que ampliam a compreensão de suas necessidades, oferecendo soluções para suas angústias e dores.

Não podemos desconsiderar o fato de que o cliente que se preocupa com a sua própria empresa e problemas, apenas lembrará de quem apresenta soluções.

Assim, é importante ter a sua marca, produto e imagem gravados na mente do cliente, ocupando um espaço como a melhor solução, eliminando seus problemas. Essa lembrança gravada na mente é a trajetória segura para obter a preferência dele.

Importante: mantenha os clientes atuais e lute para não os perder. Lance mão de um atendimento superior e programas para fidelizá-los. Conquistar um cliente novo é muito mais caro do que manter um atual. Reconquistar um cliente perdido é muito mais caro do que conquistar um novo!

"Criar clientes fiéis é a essência de cada negócio."
Don Peppers e Martha Rogers

A fidelização requer muita dedicação e atenção a fatores como conhecimento do cliente, suas demandas, diferenciais, valores. Existem três fatores fundamentais no processo de consideração da sua marca:

- Produto;
- Qualidade do serviço;
- Preço.

Vendedores campeões sabem que nem sempre é possível definir o preço e o produto, por isso buscam desenvolver suas habilidades na qualidade do serviço e atendimento.

Utilizam recursos e técnicas para o fechamento do negócio, com vistas ao atendimento perfeito, superando as expectativas do cliente e, principalmente, transformando o preço em um fator irrelevante.

A qualidade do serviço pode contemplar muitas atividades e fatores. Para cada cliente, a percepção da qualidade do serviço é diferente, pois se materializa na satisfação de suas expectativas. É possível, inclusive, transcender a área de vendas, passando do atendimento telefônico, chegada à recepção, até a entrega do produto, cobrança etc. A venda não se encerra na atividade do vendedor.

Philip Kotler, no livro *Marketing 4.0* afirma:

> Os profissionais com visão de longo prazo consideram o fechamento da venda como o início de um relacionamento potencialmente recompensador. É também um momento-chave de verdade, na construção da defesa da marca.

Já no livro sobre comportamento do consumidor, o Prof. Sheth indica que, para alcançar o sucesso na satisfação dos clientes, é preciso um completo estudo do comportamento do consumidor, de seus hábitos e perfis. Isso possibilita o conhecimento sobre o que eles querem, desejam, decidem, além de como utilizam os produtos e serviços.

O vendedor campeão compreende esse comportamento, vivencia a experiência com o cliente e o acompanha durante a sua jornada de compra, monitorando todo o sistema da empresa, municiando o cliente com informações e apoio para que ele não se sinta abandonado. Pelo contrário, que ele se sinta acolhido e atendido.

É imperativo identificar os pontos de atenção, expectativa, encantamento, até de frustração do cliente. Ao identificar o que ele espera do produto e preço, é possível surpreendê-lo com a qualidade do atendimento e mitigar os riscos de insatisfação. Lembramos que preço e produto, também representados por seus atributos funcionais e emocionas, são importantes vetores da equação de valor, relacionada com a expectativa, benefício e custo.

Ao oferecer atendimento de nível superior, o vendedor comumente se depara com uma ótima oportunidade de oferecer produtos adicionais ou complementares em cada nova negociação, sempre inovando. Uma dessas formas é apresentar sempre um produto ou serviço visando um baixo preço.

Provavelmente você já frequentou lanchonetes onde a atendente propôs um produto adicional por um pequeno preço. Um hambúrguer, refrigerante, fritas grandes e sobremesa por apenas mais X reais.

Concessionárias de veículos têm esse tipo de atividade como prática. São técnicas de *cross-selling* ou de *up selling*, que garantem um nível superior de venda e de atendimento a expectativas de clientes.

Imagine-se comprando um carro novo. Certamente você terá muitas dúvidas sobre modelo, tipo, acessórios, preço etc. Um vendedor experiente e atento pode identificar possibilidades de *cross-selling* com seguros, financiamento e outros produtos que não compõem o pacote do automóvel. Ainda podem oferecer produtos que elevam o total da compra, mas que agreguem valor ao cliente.

Interessante observar que, neste conceito, a cada nova proposta de produto, deve-se apresentar um conjunto de benefícios que trará mais satisfação ao cliente. É importante que ele perceba que pode ser uma grande oportunidade na compra.

Vale notar que o preço a ser ofertado pelo produto adicional tem que ser, obrigatoriamente, menor que a compra já em curso, pois isso remete a um benefício extraordinário por um investimento pequeno.

Dica preciosa:

Um vendedor campeão sempre tem um produto ou serviço-chave para apresentar ao cliente, que demonstre preocupação em atender sua necessidade, ofereça benefícios adicionais e estimule o aumento da venda para o mesmo. Esse é um passo importante para a conquista de *client share.*

Um cliente bem atendido, respeitado pelo vendedor e pela empresa, é um cliente menos suscetível a ofertas e propostas de concorrentes.

A fidelidade do cliente trará recomendações, indicações e defesas contra os ataques de seus concorrentes.

Ao criar esse relacionamento, o vendedor campeão mantém controle sobre a sua carteira de clientes. Esse é o maior patrimônio da empresa, obtido pelo vendedor.

Vendedor consultor

Os vendedores campeões são vistos por seus clientes como verdadeiros consultores que resolvem questões delicadas e propõem soluções que vão além de apenas uma venda. Esta é uma forma de manutenção de vendas recorrentes e de maiores volumes.

Na venda final ao cliente, mantenha um controle sobre o seu LTV - *lifetime value* ou valor ao longo de sua vida. Essa é a base para o CRM: conhecer o cliente possibilita entender seu potencial de consumo e ampliação de vendas, com base no que se sabe sobre ele.

Se você vende para pessoa jurídica, revendedores ou distribuidores, há uma boa notícia: os vendedores deles são seus vendedores.

Para ampliar a vendas para esses clientes, deve-se criar demanda nos clientes deles, ou seja, facilitar a venda para esses vendedores.

Você pode até pensar que eles não são seus funcionários e que é impossível fazer isso, mas é. Ajude-os a melhorar o atendimento deles no nível de excelência que você cobra sua equipe de vendas ou a si mesmo. O cliente de seu cliente é seu cliente também.

Portanto, treine esses vendedores como se fossem seus funcionários, vendedores. Ofereça ferramentas e técnicas, capacite, oriente. Seja para eles o mentor, o consultor e a referência de sucesso que eles precisam.

Perceba que, quanto mais vendas esses vendedores fizerem, mais você venderá para eles. Mais eles ganharão, mais você ganhará.

Importante cuidar da imagem da sua empresa e dos seus produtos, de forma que ao serem repassadas a sua equipe, seja possível manter e disseminar o mesmo padrão de qualidade dos serviços, a mesma mensagem e boa reputação que você criou para a sua marca.

Philip Kotler reforça, em seu livro *Marketing 4.0*, que a entrega de alto valor – que é a relação entre benefício versus custo de uma compra – é decisiva para que o cliente opte por seu produto ou do concorrente.

Aumentar a participação ou vender mais para o mesmo cliente implica na entrega de mais benefícios ou menos custos. Porém, para deixar bem claro, na lista de benefícios está o relacionamento com o vendedor e a qualidade do serviço oferecido. Vendedores campeões não deixam de mostrar o poder e a importância do cliente, o que reforça a fidelidade. Só é cliente fiel o que estiver satisfeito.

O cliente satisfeito, em sua grande maioria, vivencia uma experiência de compra surpreendente, envolvente. Nesse quesito, um campeão de vendas sabe conduzir uma negociação por meio de histórias fascinantes: apenas descrever produto não é contar história. Busque sempre "entender o cliente" e o conduza por meio de histórias que promovam uma boa experiência. Para atender é preciso, primeiro, entender.

Um ponto de atenção é o entendimento, que deve ser mais importante do que atendimento propriamente. Dê um passo de cada vez nesse processo.

Cliente satisfeito é um cliente com necessidades atendidas. Novamente, antes de superar expectativas é necessário atendê-las de forma plena. Entregar uma compra no prazo, por exemplo, é apenas cumprir a expectativa.

Antes de exceder as expectativas, é preciso atendê-las. Também é importante saber que a venda não se encerra com o fechamento. Vai muito além disso.

No livro *As sete descobertas para construir uma poderosa máquina de vendas*, Edílson Lopes e José Luiz Tejon citam outros fatores cruciais para o vendedor campeão:

> (...) O profissional de vendas é demandado para acompanhar as notícias, ler, não parar de estudar e aprender sobre economia, sociologia e comportamento humano. Precisa agir como um investigador, auscultando a concorrência e o que é falado nos bastidores dos clientes. Precisa estar preparado com boas histórias que falem por si, demonstrando aos clientes ângulos novos ou diferentes do que estão pensando sobre os negócios, a concorrência e a empresa.

O próximo passo para a fidelização é a compreensão de que, na maioria das vezes, os clientes gostam muito de comprar, mas não gostam que alguém venda para eles. José R. Noronha cita, em seu livro *Vendas, como eu faço?* uma frase de Jeffrey Gitomer, que alerta para esse cuidado que os vendedores precisam ter.

> "As pessoas adoram comprar, mas não gostam que alguém venda para elas."
> Jeffrey Gitomer

De acordo essas características, alcançar uma parcela maior nas vendas demanda preparo, conhecimento e entusiasmo do vendedor. É necessário habilidade ao conquistar o cliente com histórias que o levem a experiências fascinantes. O *share of wallet*, ou participação na carteira do cliente, será garantido com o fascínio na experiência da compra. Oriente, direcione, solucione e atenda à expectativa. Surpreenda, venda mais, por meio da solução e experiência.

O patrimônio do vendedor: a carteira de clientes

Já falamos sobre isso, mas é importante que o vendedor mantenha a sua carteira de clientes atualizada, disponível e acessível facilmente.

A base de dados deve fornecer informações relevantes no auxílio da negociação. Saber o que é importante para o cliente e ignorar qualquer fator externo permite que ele se encante. Conheça os assuntos que ele gosta de conversar, suas opiniões, anseios e valores. Quanto maior a proximidade entre vocês, maior a probabilidade de expandir os negócios.

Um cliente fiel será um vendedor, defensor da sua marca, empresa e de você.

Eu costumo usar a expressão: "amigos, amigos, negócios mais fáceis."

Crie uma atmosfera amistosa que conduza a uma jornada prazerosa de compra, pois o cliente encantado é fiel e se torna o seu vendedor.

Estimule e motive o conceito à equipe de venda, recompense e valorize os esforços dela. Um vendedor campeão é o mentor, a força que motiva e direciona seu time. Seja o motivador de sua equipe, mentor, consultor de vendas para o seu cliente, agente de transformação de relações em negócios. O sucesso está bem ao seu lado!

Referências

KOTLER, Philip; LANE, KELLER, Kevin. *Administração de Marketing*. 14. ed. São Paulos: Pearson Education do Brasil, 2012.

TEJON, José Luiz. *As 7 descobertas para construir uma poderosa Máquina de Vendas.* São Paulo: Editora Gente, 2010.

HETH, Jagdish N.; MITTAL, Banwari; NEWMAN, Bruce I. *Comportamento do cliente: indo além do comportamento do consumidor.* São Paulo: Atlas, 2001. 795 p.

URY, William L. *Supere o não: negociando com pessoas difíceis.* 9 ed. São Paulo: Editora BestSeller, 1991.

PEPPER, Don; ROGERS, Martha. *O gerente um a um.* Rio de Janeiro: Campus, 2000.

KOTLER, Philip. *Marketing para o século XXI: como criar, conquistar e dominar mercados.* São Paulo: Futura, 1999.

KOTLER, Philip; KARTAJAYA, Hermawan; SETIAWAN, Iwan. *Marketing 4.0.* Rio de Janeiro: Sextante, 2017.

L. KEININGHAM, Timothy; AKSOY, Lerzan; BUOYE, Alexander. *Fidelizar cliente não basta. Aumente seu share of wallet.* Disponível: <http://hbrbr.uol.com.br/fidelizar-cliente-nao-basta-aumente-seu-share-of-wallet/> Acesso em: 20 de dez. de 2017.

LONGO, Walter. *Market share Vs. client share: uma revolução a caminho.* Disponível em: <http://www.walterlongo.com.br/artigos/Market%20Share%20Vs.%20Client%20Share.html>. Acesso em 31 de jan. de 2018.

19

Tempo: administre bem o seu e venda muito mais

Não sei se você já se deu conta, mas a única coisa que a gente nunca tem mais, e a cada minuto a gente tem menos é o tempo, então aproveite melhor e saiba administrar o seu, afinal, o desejo comum de todo mundo é que, no fim da nossa vida, a gente possa olhar para trás e dizer: valeu a pena! E você? Quer administrar melhor o seu tempo para vender mais? Aqui está o caminho, não perca tempo! Boa leitura!

Robson Penha

Robson Penha

É especialista em vendas, estratégias e gestão. É consultor, treinador, instrutor e orientador de várias empresas e empresários por todo o Brasil. Suas conferências e *workshops* transformaram várias empresas, com grandes aumentos em seus lucros e vendas.

Contatos
www.klatreinamentos.com.br/escoladevendas/riopreto
robsonpenha@grupokla.com.br
(18) 99715-7517
(17) 3364-4518

Janeiro, primeiras semanas do novo ano, iniciei um treinamento *in company* em uma grande empresa, com seus líderes e vendedores, numa cidade não muito distante da minha. Eu precisava prepará-los para os desafios do mercado, e um deles era ter tempo para vender e gerenciar equipes. Finalizei um dos nossos encontros, que acontecia aos sábados de cada semana, me despedi do pessoal, quando meu telefone tocou. Pedi licença para atender, era minha esposa.

— Acabou o treinamento? – perguntou.

— Sim. – respondi.

— Que bom, pois hoje vamos almoçar com um casal de amigos e clientes, uns de nossos melhores clientes e será um almoço diferente, nosso almoço acontecerá às margens do rio Tietê.

Eu sei que pra você que está lendo este livro e é da capital do estado de São Paulo ou de outros estados do nosso Brasil, vai achar um absurdo almoçar às margens do rio Tietê. Esse rio é famoso por sua poluição na cidade de São Paulo capital, mas estamos no interior paulista e aqui, eu garanto a você, o Rio Tietê é rico e saudável, com uma vista linda e muitos verdes. Prainhas, como são conhecidos os lugares onde pessoas podem se banhar, além de ranchos a suas margens, restaurantes, pousadas, odisseia e outros atrativos, enfim, é rico em peixes e tem a famosa pesca do Tucunaré, que já virou tradição.

Antes que eu pudesse falar para ela ao telefone, que eu não tinha tempo e que não poderia ir passar o restante do dia com eles, em um almoço às margens do rio, ela me disse:

— Não se preocupe, passaremos aí para pegar você, assim pode deixar o carro exatamente onde está. Vamos passar um dia diferente, além do mais, teremos nossos clientes de companhia. Você não vai fazer essa desfeita, vai?

Hum... pensei um instante. Poxa não tenho tempo para isso, se fosse um almoço rápido, em um restaurante aqui na cidade mesmo, para mim seria melhor, pois tenho muito o que fazer, mas ela já tinha marcado e disse que já estavam a caminho. O jeito foi aceitar e aguardar alguns instantes. Não demorou muito, eles chegaram, trazendo trajes de banho e roupas leves para iniciar o final de semana. Confesso que fazia um bom tempo que não me desligava para relaxar um pouco.

Quando chegaram, estava o casal de clientes e amigos, minha esposa e meu filho, de quatro anos, que já soltou um grande e belo sorriso e disse:

— Nossa, papai, que gostoso! Vamos para o rancho pescar, nadar e almoçar naquele restaurante em cima da água.

Quando vi a felicidade de meu filho em estar fora de casa, longe da televisão e poder passar o dia em família, percebi que não estava lhe dando a atenção devida por não saber lidar com o tempo. Percebi que eu não estava fazendo uma boa gestão do meu tempo, pensei: se o tempo é igual para todos e há pessoas que conseguem equilibrar perfeitamente o trabalho, a família e o lazer, eu só estava pensando em trabalho e me esquecendo da minha família.

Esse dia foi maravilho, pois passei o dia com a minha família e com esse casal de amigos/clientes. Em uma conversa o meu cliente disse algo que marcou muito:

— Nenhum sucesso justifica o fracasso de uma família.

— Não entendi. – falei para ele.

— O que você quer dizer com isso?

E ele completou:

— Admiro profundamente o seu trabalho, mas deixo um conselho de amigo: trabalhe, lute, conquiste, mas tenha tempo para sua família e lazer. Será que você não está cuidado muito das coisas e se esquecendo das pessoas? Cuide bem dos seus, se preocupe com a sua saúde. Cuidado para o trabalho não matá-lo, porque aquilo que é para fazê-lo sobreviver pode estar matando você, não se esqueça de que você é uma vida, uma pessoa, um coração e só tem essa vida. Eu não conheço absolutamente ninguém que passou dessa para a outra, que levou alguma coisa que deixou aqui, a não ser um legado!

Com certeza o que ele me disse marcou muito e, na verdade, foi um choque. Parei para pensar que se aquilo estava acontecendo comigo era porque não estava colocando em prática tudo o que sei sobre gestão do tempo. Eu me perguntei: o tempo é amigo ou inimigo?

Você que está lendo este livro, eu lhe pergunto: o tempo está ajudando? Como está a gestão do seu tempo? As pessoas estão o tempo todo aceleradas, apavoradas, sempre correndo atrás de algo e dizem não ter tempo para nada. O dia passa e ficam com a sensação de que não fizeram nada, não fazem bem a gestão do seu tempo, você as pega pelo braço e pergunta: onde vocês vão? E elas respondem: "não sabemos, mas estamos atrasadas!".

Se o tempo é igual para todos, por que alguns conseguem fazer mais do que outros, com as mesmas 24 horas?

Pensando nisso, me lembrei que um bom tempo atrás eu era cliente de uma operadora de celular, onde todos os dias eu ganhava R$ 20 de crédito. Em uma ocasião, eu tinha essa sensação do dia passar e não ter feito tudo que eu poderia ter feito e como não controlava muito bem o tempo, passei a me preocupar um pouco mais em estudar, ler sobre como fazer uma boa gestão de tempo. Já eram quase 22h e eu ainda tinha R$ 13 de crédito no celular. Comecei a sorrir, estava perto de um amigo que me perguntou porque eu estava sorrindo, olhando para o celular.

Eu já era vendedor nessa época e disse para ele:

— Olha, são quase 22h e eu ainda tenho R$ 13 de crédito para utilizar, o dia passou e eu não utilizei para fazer negócios, buscar novos clientes ou até mesmo fazer um pós-venda amanhã, ou seja, às 00h de hoje ganharei mais R$ 20 e os R$ 13 não somarão. Serão somente R$ 20 novamente.

Assim é a nossa vida, todos nós temos as mesmas 24 horas todos os dias, e o que nós decidimos fazer com elas é o que nos diferencia. Há empresários clientes que já ouvi falarem: "aqui na empresa eu mato dois leões por dia".

Um dia eu perguntei para ele:

— E se o Sr. chegar na sua empresa cedo e até às 9h da manhã o Sr. Já matou esses dois leões. O que você faz o resto do dia?

Acredita que esse empresário não soube me responder o por quê?

Porque ele estava o dia todo ocupado e não estava sendo produtivo. Existem muitas pessoas que estão ocupadas e não conseguem ser produtivas. Essas pessoas têm a sensação de que o dia passou, realmente fizeram muita coisa, mas não adiantou muito. Uma pessoa ocupada tem muitas metas, quer abraçar tudo de uma vez e reclama sempre de estar ocupada, reclama de não ter tempo, não sabe delegar funções que outras pessoas poderiam fazer, não tem planejamento, enquanto uma pessoa produtiva avalia as prioridades, dedica seu tempo a coisas importantes.

O tempo pode ser destruidor ou apaziguador e é alimentado por três elementos inesgotáveis: o passado, que justifica o nosso presente; o futuro que é o que nos move, e o fim, porque tirando o tempo, nada do que está ao nosso redor é infinito, tudo está em contagem regressiva. O que eu quero que você veja nisso é o quão importante é cada segundo, o quão importante é você fazer o que é produtivo, por isso, quero deixar aqui uma dica: mire nos alvos certos.

Na física, há um termo que se chama "flecha do tempo". Isso basicamente resume o que vivemos, onde o tempo viaja como se fosse uma flecha que, depois de arremessada, não pode voltar para a mão do arqueiro, então cada decisão ou caminho é como se fosse uma flecha arremessada. O que vai determinar se você vai ou não acertar o alvo é o foco, que é a sua força. A sua mente, que é o seu arco, e o seu sonho, que simboliza a corda que deve ser forte, senão ele não vai aguentar a pressão. Mas você deve ter calma, pois utilizar bem o seu tempo não significa fazer mil coisas ou ser inconsequente e fazer as coisas sem pensar, acredito que a calma e a reflexão são muito importantes, pois o ideal não é ser perfeito e sim tentar ser melhor a cada dia, mas não se esqueça: só acerta quem atira.

— Como não perder tempo? – perguntei a um grande líder e treinador, que ficou famoso por saber administrar muito bem o seu tempo.

Ele, com um semblante calmo e tranquilo, me disse:

– Fórmula simples e fácil: *tic-tac*. O tempo está passando, novos momentos estão surgindo e o tempo que passou, não volta. Mas, o tempo é único, sabemos que cada segundo que passou poderia ter sido diferente, mas não importa, ele já passou. Perdemos muito tempo fazendo aquilo que não precisamos fazer, ao invés de fazer o que precisamos. Fingimos gostar de algo que não gostamos e o pior, não fazemos nada, não criamos ou não fazemos nada de sólido para o nosso futuro, seja ele de médio ou longo prazo. Nunca, nunca perca o foco, não queira fazer muitas coisas ao mesmo tempo. Onde você quer chegar? Você sabe? O foco é para levá-lo aos seus objetivos e suas metas, ninguém possui foco para não sair do lugar, ninguém tem foco para ficar na zona de conforto, sem foco você fica como o pato. Ele anda, nada, voa e não faz nada direito. Então, o que você faz bem? Qual é o seu talento? Onde você quer chegar? Qual sua missão? Coloque seu tempo e energia no que você é bom.

Com este livro, quero ajudar você a parar de perder tempo. Isso é simples de entender, porém, não é fácil de aplicar, o que vai determinar o seu sucesso é a sua vontade, pois não existe evolução sem mudança. Para ajudá-lo, eu tenho uma dica: para mim, a maneira de não perder tempo é elegendo duas bases e se apoiar apenas nessas duas. Tudo o que não for relacionado a elas, você simplesmente irá ignorar, sim, ignorar. Tudo o que não for relacionado, não merece a sua atenção, então vamos lá.

A primeira base é a produção, veja se a sua ação está sendo útil, se você está criando, construindo ou influenciando de alguma forma o seu futuro. Produzir é necessário, não permita ter uma vida ociosa, que nada para você e por você é desenvolvido. Ter um propósito é essencial...

A segunda base é a qualidade de vida, se não for para produzir, use seu tempo para ter qualidade de vida. Isso inclui tudo o que lhe faz bem, sua família seus amigos, sair para dançar ou ficar em casa vendo séries. Esse é o momento seu, onde você faz o que lhe faz bem ou o que você quer fazer para ajudar o próximo. Não tente usar esse tempo para ir a lugares que não gosta, para agradar a pessoas que não têm nada a ver com você. Nesse ponto, cuidar da saúde é algo necessário, além de lhe dar qualidade de vida, dará mais tempo. Produza e tenha qualidade de vida e para tudo que estiver fora dessas duas bases, diga não, afaste de si, mas preze pelo equilíbrio. Você não pode viver apenas em busca de prazeres e também não pode evitar viver apenas produzindo, não use o seu tempo para gastar energia com pensamentos maus do passado. Pense no que você pode produzir agora, nas novas pessoas que você pode cativar.

As pessoas, na verdade, não administram bem o seu tempo. Elas estão mais interessadas em gerir conflitos e realizar projetos do que parar um tempinho e gastar um tempo com aquilo que realmente tem valor. Como você tem administrado seu tempo? De que maneira tem fracionado o seu dia? Uma forma de ganhar tempo amanhã é se preparar no dia anterior. Quer um exemplo?

Pegue uma folha de papel em branco, divida-a com um risco ao meio. De um lado você vai escrever urgente e, do outro, importante.

Imaginamos que você hoje esteja fazendo o seu planejamento para amanhã, então vamos começar pelo urgente. Sabe aquele edital de concorrência que você tem que fazer? É amanhã, urgente. O cheque que tem que cobrir é amanhã? Urgente. O cliente que solicitou retorno de fechamento é amanhã? Urgente. Urgente é tudo o que você tem que fazer e não pode deixar passar, e o importante é o que você tem que fazer, mas se não der tempo, pode ficar para outro dia. É importante, mas pode aguardar, caso não dê tempo de fazer. Esse planejamento vai ajudá-lo a controlar e administrar melhor o seu tempo, porque, no decorrer do dia, pode aparecer o urgente do urgente e você estará pronto.

Quantas vezes você já se deparou com a falta de tempo?

Qual é o principal elemento que nos tira do eixo quando precisamos fazer melhor uso do tempo? Saber dizer não? Ter capacidade de gerenciar a agenda? Antes, precisamos entender como o tempo se divide.

Muitas vezes, sentimos que o tempo corre depressa, e que não seremos capazes de realizar o que queremos, no tempo que temos disponível. Uma das equações é que temos que aprender a equilibrar a quantidade X qualidade. A grande questão é saber como conectar esses dois tempos: quantidade e qualidade. A quantidade de tempo é importante, porém o fator determinante é a qualidade do tempo disponível. Frequentemente ouvimos líderes, vendedores e gestores que reservam um tempo determinado na agenda de compromissos para fazer reuniões com membros da equipe, mas quando as fazem, são interrompidos por telefonemas ou *e-mails* "importantes". É uma observação bastante simples, mas se você controlar, pode ser o início de uma jornada de sucesso com pessoas e negócios. Os gregos utilizavam *chronos*, que é o tempo medido pelo relógio; o tempo cronológico e *kairós*, que é a qualidade desse tempo. O momento certo eles usavam separadamente, para fazer referência ao tempo, por isso a pergunta:

Da próxima vez que você estiver em uma reunião de negócios, em casa, com a família ou com equipes, quanto do seu *chronos* você vai dedicar a eles e como será o *kairós* deste contato? Pense nessa equação e haja!

20

A fascinante jornada dos grandes negociadores

Quanto mais dedico tempo, amor, garra e estudos, melhor se torna a jornada para o destino de uma vida inteira dedicada ao mundo dos negócios: alcançar o seleto universo dos melhores negociadores. É claro que nunca foi fácil, mas afirmo que a jornada carrega, acima de tudo, uma característica: fascinante. Chegou a hora de dividir tudo, para que você também aprecie o fascínio desta jornada!

Ruiter Aguiar

Ruiter Aguiar

Empreendedor no setor varejista com experiência em gestão financeira, de pessoas e de conflitos. Possui formação em análise comportamental como *master coach*, palestrante e escritor, desenvolve equipes de vendas com foco em resultados. Atuou como educador físico durante 22 anos, além de ter sido professor e proprietário de academia. Na região centro-oeste, representa a marca K.L.A. de treinamento e educação empresarial.

Contatos
ruiteraguiar06@gmail.com
ruiteraguiar@grupokla.com.br
Instagram: ruiteraguiar
linkedin.com/in/ruiter-aguiar-a79b7b106
(62) 99976-5316 (*WhatsApp*)

A negociação é uma estratégica arma de guerra para fechar mais vendas. E o que difere profissionais que vendem até "areia no deserto", dos vendedores medianos e sem habilidades notórias? Por que sempre existe alguém no topo das vendas, enquanto outros mergulham no oceano do insucesso?

A grande arte da negociação é a resposta. E desde a evolução das espécies, todo ser humano diferenciado procura dominá-la.

"O sucesso na vida não tem por origem a sorte. A jogada certa no momento oportuno é o fator que distingue pessoas exitosas."

Aí vai uma pergunta difícil: você diria que se considera bom negociador e argumentador?

Muitas pessoas assumem a profissão honrosa de "vendedor", e nem todas possuem a técnica que melhor lhes projetaria: a negociação. Ao usarmos a negociação valorizamos, potencializamos e deixamos o cliente ciente de que nós, vendedores, temos algo diferente que desperta maior credibilidade, atenção legítima e valor agregado ao produto ou serviço. A negociação, portanto, profissionaliza o vendedor.

Somente os grandes vendedores são grandes negociadores, o que explica o motivo pelo qual a minoria vende com excelência, enquanto a maioria "tira pedido".

A jornada dos grandes negociadores não é fácil. Eles se deparam com questões que, às vezes, limitam e até os impedem de trilhar esse caminho do sucesso. Um dos principais mapas para alcançar a jornada prevê o seguinte requisito: deve-se ser perito naquilo que vai apresentar, o que implica saber com grande riqueza de detalhes tudo o que envolve o produto ou serviço em negociação. A produção, os componentes, a qualidade e a durabilidade, o prazo de execução dos serviços, a garantia, os benefícios implícitos e explícitos; além de uma série de detalhes que somente o seu serviço ou produto tem e que representa o seu diferencial.

O planejamento é o maior trunfo dos grandes vendedores e negociadores. Por exemplo, uma compra eficiente no supermercado, que evite gastos desnecessários ou até mesmo o risco de esquecer algo, demanda ter em mãos uma planejada lista do que necessitamos, com os itens e quantidades suficientes para o período que queremos. Quando viajamos, a mala mais "inteligente" é aquela feita com o pensamento voltado ao clima, lugar, motivo da viagem (trabalho ou lazer) e a quantidade de dias. É assim que se evita aborrecimento. Trazendo a comparação para a nossa jornada, vender e negociar preveem também a necessária atitude de planejar.

É claro que todo bom planejamento repercute e traz duas perguntas estratégicas, cujas respostas individuais e sinceras não podem faltar:

1) O que é planejar para você?

2) Você pode afirmar que se planeja?

Ao encontrar as suas respostas, definir o planejamento antes de fazer qualquer venda não é luxo ou preciosismo, é estratégia de guerra. Confira como planejar:

• Entenda o objetivo da sua venda ou do atendimento, porque este é o núcleo de qualquer planejamento;

• Defina qual é o máximo que pode ceder em termos de negociação (valor, prazo de entrega, prazo de pagamento);

• Estabeleça qual é o seu limite em termos financeiros. Por exemplo: viajar 500 quilômetros para negociar um pedido de baixo valor agregado não é estratégico;

• Compreenda o seu limite em relação à data de fechamento, versus a resposta do cliente. Nenhuma negociação pode ficar "no ar", sem prazo de conclusão;

• Antes de concluir a negociação, tenha em mente como será o melhor pós-venda possível. Isso é o que difere grandes campeões: eles planejam o futuro, enquanto o concorrente pensa na conclusão pontual da venda.

Sem planejar essas situações e cenários, será impossível dinamizar e demonstrar segurança. O bom planejamento gera cartas na manga para contra-argumentar objeções e transmitir credibilidade; qualidade fundamental para vender o produto ou serviço.

Caso precise entregar uma proposta por escrito, é extremamente importante estabelecer data limite para o fechamento. Isso funciona como um agente que provoca o senso de urgência para o cliente decidir mais rápido. É necessário que você deixe, no mínimo, três propostas. Por exemplo: proposta 1 com melhor prazo de entrega, proposta 2 com melhor valor à vista e proposta 3 com o pagamento fracionado. A escolha, neste caso, mostra ao cliente, maior leque de oportunidades para decidir por uma delas ou até mesmo direcionar para uma quarta, que poderá vir do próprio cliente, descrevendo, assim, a lei do contraste.

Quando temos um produto de valor agregado mais alto, a jornada indica que esse produto deve ser oferecido em primeira mão, porque o nosso condicionamento mental é economizar. Logo, se apresentamos posteriormente outro item de menor valor, o parâmetro para comparação se torna menos exigente. Outro importante fator é o prazo de pagamento. Como parte indissociável de uma excelente negociação, precisamos ficar bem atentos ao quesito. Grandes negociadores jamais o mencionam de início. Em vez disso, cogitam o prazo somente ao término, por tratar-se de excelente recurso para fechar a negociação com "chave de ouro".

"Se apenas tornar o prazo a perder de vista fosse garantia de sucesso, grandes lojas que assim o fazem estariam sempre abarrotadas. O segredo é fazer com que o prazo seja elástico, na medida certa, para cada cliente."

Há outro fator que nos faz ganhar força, com a possibilidade de aumentar o índice de fechamento dos negócios em até 60%: depoimento, em vídeo, de clientes satisfeitos. Uma estratégia ainda mais audaciosa é ter esses clientes com você, presencialmente, nas vendas, além de fazer registros em fotos, textos e afins. A estratégia aumenta o poder de persuasão, porque a influência do reconhecimento alheio é inquestionavelmente forte.

E a jornada não para por aí. Outra estratégia para ganhar força ainda maior é clarificar os benefícios do produto ou serviço, além do óbvio (manual ou especificação técnica). A maioria necessita ver as vantagens naquilo que é oferecido e futuramente comprado. Qual é o grande diferencial daquilo que você está negociando? O que está oferecendo que o concorrente não oferece? O cliente necessita saber que conquistou vantagens interessantes. É o que faz com que finalize as negociações com mais rapidez e frequência. Quando mostramos ao cliente o quanto poderá ganhar ou economizar se comprar o nosso produto, ele sente como é interessante negociar conosco. Isso aumenta a credibilidade e a fidelização no processo que pode vir a ser contínuo e durar um longo período.

Campeões em vendas e grandes negociadores de produtos ou serviços, quando têm disponibilidade, devem utilizar a figura do gerente, porque pode ser a peça-chave das negociações. Essa troca de voz traz resultados bastante positivos. Confira cinco vantagens da estratégia:

- O gerente direciona a perspectiva para "o todo" da negociação;
- Está frio em relação ao calor da negociação;
- Não tem tanto envolvimento emocional quanto o vendedor;
- Conhece mais sobre o produto;
- Tem mais autoridade hierárquica e os clientes gostam de falar com pessoas de cargos superiores.

Outra arma, habilidade número 1 de grandes vendedores e negociadores, é a arte de falar menos na hora de negociar: saber ouvir. Quando falamos menos e ouvimos mais, desenvolvemos melhor capacidade de observação, o que expande a forma de analisar, pensar e montar estratégias. Ganhar uma discussão e perder a venda nunca será interessante. Alguns negociadores acham que estão em um tribunal, na frente de um juiz e que necessitam ganhar a causa, enquanto os verdadeiros campões sempre chegam a um acordo favorável ao cliente porque, na verdade, é sempre ele quem toma a decisão final.

Argumentar na hora certa é sinal de que o produto é bom. Controlar a ansiedade não é fácil, porque fomos treinados para falar e não para ouvir. Ao falar muito, entramos num processo de descrédito e começamos a "desvender", ao contrário do que pensa boa parte dos negociadores e vendedores.

O que podemos, então, fazer para que o nosso cliente fale mais do que nós? Perguntas. O negociador hábil domina a arte de perguntar. Que tipo de perguntas? Aquelas que promovem a interação entre o negócio, o negociante e o negociador, algo que faça você identificar a sua necessidade, o que ele precisa e o que ele realmente quer.

As perguntas ideais são as abertas, cuja resposta não seja nem sim e nem não, porque facilitam a possibilidade do diálogo progredir. São iniciadas com: como, quando e onde.

Como isso poderia ficar melhor?

Quando poderei programar as primeiras entregas?

Onde posso melhorar ainda mais a eficiência dos nossos serviços?

Precisamos adquirir dois hábitos: fazer as melhores perguntas e escutar verdadeiramente. E cabe lembrar: o intuito maior das perguntas é identificar a real necessidade de cada cliente.

"No século XXI, escutar o cliente é a regra inegociável da jornada dos grandes e brilhantes profissionais de vendas".

Outro passo que facilita o processo de negociação é provar para o cliente que é verdadeiramente "o seu amigo". E isso só pode acontecer se a intenção do vendedor for verdadeira e não protocolar.

As pessoas preferem fazer negócios com amigos. Sabe como identificamos isso? Basta reparar o nosso hábito de comprar no mesmo estabelecimento, sempre procurando a mesma pessoa para nos atender. Depois desse passo executado, já abrimos boa parte do caminho a percorrer para o fechamento da negociação.

"Uma causa só existe, porque vários semelhantes esperam o resultado dela. Uma venda só existe, porque os clientes enxergaram no vendedor, o amigo conselheiro".

Cumpridas as etapas, virão as objeções. Precisamos de argumentos suficientes, de "cartas na manga". O bom negociador não se abate e nem desiste por ter sido confrontado. Argumentos como: "está caro", "vou pensar", "estou analisando", não devem ser interpretados como vereditos. Ao contrário, devem inspirar a etapa que já discutimos neste texto: o planejamento.

Assim como os grandes investidores que o mercado entende por moderados, arrojados e conservadores, negociadores são "classificados" por perfis comportamentais. Vale explorarmos essa etapa da jornada, porque vai facilitar a condução, a argumentação e o desenrolar do processo de negociação, com eficiente planejamento. Cito, para que tomemos conhecimento desses perfis, algumas características bem marcantes, com a finalidade de fazer, cada vez mais, com que as nossas habilidades sejam identificadas, trabalhadas e aproveitadas. E, assim, os nossos pontos fracos serão trabalhados em favor da melhoria contínua:

Perfil competitivo: determinado, odeia perder, é ambicioso e evita ceder. Seu ponto forte é alcançar ótimos resultados e tem muita competência. Porém, pode ignorar interesses alheios e criar conflitos ou impasses;

Perfil cooperante: é gentil, flexível, evita dizer não e tende a dar descontos. Seu ponto forte é ajudar as pessoas. Benquisto e amável, seu ponto fraco é a fama de submisso e complacente, por não defender os seus interesses com mais vigor;

Perfil impaciente: caracteriza-se por ser apressado, multitarefas e acumulador de trabalho. Seu ponto forte é a rapidez, a praticidade, o fato de não perder tempo. O ponto fraco é que costuma ter dificuldade como ouvinte, decide sem pensar e começa sem saber como terminar;

Perfil perfeccionista: dá valor para a lógica, e suas decisões são pautadas por dados precisos. É concentrado, produz com qualidade e costuma ser cuidadoso. Como pontos fracos, pode parecer frio, lento e até chega a travar o encaminhamento das negociações, em busca de meticulosa perfeição que só ele enxerga;

Perfil sedutor: intuitivo, dá valor aos relacionamentos. Seus pontos fortes são as boas relações públicas e o poder de convencer com facilidade. O ponto fraco é que pode parecer superficial, político, do tipo que "fala da boca para fora".

Sem dúvida, a jornada dos grandes negociadores é longa, exaustiva e também muito prazerosa. Por enquanto, esse resumo pode se mostrar um guia muito eficiente, desde que cumpra cada etapa. Finalizo com algumas dicas fundamentais e o desejo de que você faça contato para conhecer mais detalhes dessa interessante jornada pela qual tenho percorrido:

• Dê importância verdadeira ao cliente. Esteja próximo dele. Quem não dá assistência, abre portas para a concorrência e sofre com a consequência;

• Trate o cliente da forma como deveria ser tratado e não como você, movido(a) pelos acontecimentos pontuais, acha que ele deveria ser tratado;

• Identifique o perfil do cliente antes de atendê-lo e planeje sua visita com eficiência. Caso questione "se precisa mesmo" fazer aquilo, lembre-se de que o seu concorrente vai fazer sem perguntar nada a ninguém;

• Comporte-se como o cliente quer e não como você acha que ele quer. A diferença? No fundo, nós sempre sabemos.

Desejo muito sucesso e espero que a minha jornada encontre a sua, em algum momento!

"A concorrência existe desde que deixamos as cavernas para lidar com a luz. Naquele tempo, o mais forte sobrevivia e vencia. Hoje, temos a negociação e o detentor da maior habilidade dá as cartas nesse interessante jogo da vida e das vendas."

Faça contato. Vamos trocar mais experiências sobre a interessante jornada da negociação; que tem começo e meio, mas não tem fim...

21

Carteira de clientes: o maior patrimônio de um vendedor

Profissionais de vendas que não procuram entender mais sobre pessoas e suas necessidades, dificilmente vão sobreviver no mercado. Portanto, aprenda a dominar sua carteira de clientes e alcance excelentes resultados

Sérgio Emílio Ferreira

Sérgio Emílio Ferreira

Empresário, palestrante, graduado em administração, especialista em gestão de *marketing*, *coach* formado pela SBC (Sociedade Brasileira de Coaching), pós-graduado em comércio exterior. Consultor e instrutor credenciado ao SEBRAE, em *marketing* e vendas, gestão estratégica de empresa e planejamento empresarial. Sócio diretor da SERG Consultoria e Assessorial Empresarial Ltda-ME. Diretor da Escola de Vendas & Negócios K.L.A. Recife/PE. Prestou serviços de consultoria, ministrou cursos e palestras em várias instituições e empresas. Possui mais de 15 anos de experiência em trabalhos voltados para o desenvolvimento de micro e pequenas empresas.

Contatos
www.sergconsultoria.com.br
sergio@grupokla.com.br
(81) 99159-7755

Você gostaria de ter uma carteira de clientes bem estruturada? Com isso, poder ter informações para compreender melhor seus clientes e poder desenvolver estratégias para alcançar melhores resultados em suas vendas.

Acredito que conquistar e manter clientes, realizando vendas com excelência, seja o sonho de consumo de todo vendedor.

O problema é que muitos vendedores, na busca de alcançar resultados rápidos, queimam etapas, deixando de planejar suas ações e de desenvolver estratégias. Dessa forma, acabam cometendo erros que vão influenciar fortemente para um baixo desempenho em suas vendas.

Um dos principais erros cometidos por vendedores é não dar a devida atenção a sua base de clientes. Por isso, fique atento à história do Amaral, se realmente você deseja aumentar sua performance como vendedor.

Numa tarde de terça-feira, caminhando nas ruas do Recife antigo, encontrei um ex-colega de trabalho, do extinto banco econômico. Após os primeiros cumprimentos, resolvemos tomar um café e relembramos fatos do passado que marcaram alguns anos de nossas vidas. Logo começamos a falar sobre qual caminho percorremos durante todos esses anos que se passaram, o que andamos fazendo e qual a nossa profissão atual.

Então, Amaral me contou que após ter saído do banco, tentou emprego em outras instituições financeiras, mas não teve êxito e, que depois de alguns meses, surgiu uma indicação para trabalhar como vendedor. Mesmo sem experiência, resolveu topar o desafio. Com o passar do tempo, foi tomando gosto pela profissão, participou de alguns treinamentos, buscou adquirir mais conhecimentos e, aos poucos, foram surgindo novas oportunidades de trabalho, entre elas, a representação de uma grande empresa do segmento de material de construção, com produtos de grande aceitação no mercado.

Naquele momento, as coisas começaram a melhorar, sua carteira de clientes foi crescendo, as vendas aumentando, assim como seus ganhos. Por se tratar de um produto bastante procurado no mercado, grandes lojas de varejo do ramo da construção tinham total interesse em adquirir o produto, por isso, não precisava de muito esforço para efetuar as vendas, bastava visitar e tirar os pedidos.

Mas, aquele cenário mudou completamente após alguns anos, a empresa da qual ele era representante passou por algumas mudanças e, com a chegada de um novo gestor, Amaral, perdeu a representação. O ex-colega de trabalho contou que durante alguns dias ficou sem saber o que fazer e a única certeza que tinha é que o melhor caminho a seguir era procurar uma nova oportunidade na área de vendas, pois ele queria continuar atuando como vendedor. Foi isso que ele fez, após distribuir seu currículo e solicitar indicações na rede de relacionamentos, recebeu o convite para trabalhar em outra empresa, representado um novo produto.

Meu amigo não perdeu tempo, reiniciou as vendas, mas, dessa vez, numa realidade completamente diferente. O produto que estava vendendo era de uma marca não muito conhecida no mercado. As dificuldades começaram a surgir. As vendas ficaram cada vez mais difíceis e toda a ação que ele tentava realizar não estava dando certo. Mesmo diante das dificuldades, ele continuou firme no seu propósito e percebeu que, para alcançar resultados diferentes, precisava buscar novos caminhos.

Diante daquilo, resolveu pesquisar na *Internet* como planejar melhor suas vendas e se lembrou de um treinamento que tinha participado há alguns anos, assim que iniciou sua carreira de vendedor. Procurou o material do curso, visando encontrar algum assunto que pudesse colocar em prática. Para sua surpresa, ao abrir a apostila, Amaral se deparou com o seguinte tema: banco de dados, ferramenta que permite conhecer o cliente e possibilita manter atualizadas todas as informações necessárias para gerenciar e administrar a carteira de clientes.

Amaral contou que a ficha caiu completamente, um filme passou na sua cabeça, percebeu que já havia algum tempo que não estava dando a devida atenção a sua base de dados. Passou horas lembrando quantos clientes já tinha visitado nos últimos anos e, que se tivesse trabalhando bem sua carteira, não estava passando por tantas dificuldades para vender. Começou a entender que um vendedor necessita de uma carteira de cliente bem estruturada, atualizada com informações precisas, inclusive classificando pelo seu poder de compra.

Portanto, decidiu que era hora de agir para mudar seus resultados. Resolveu atualizar seu banco de dados, levantar as informações mais importantes dos clientes para realizar as vendas, classificar os clientes por grupo, identificando o perfil para atender às necessidades específicas de cada um.

Mas as coisas não eram tão simples assim, disse ele. Explicou que logo percebeu que estava investindo muito tempo na atualização da carteira de clientes e que, apesar de ser um trabalho de extrema importância, precisava sair para vender. Foi naquele momento que teve a ideia de terceirizar a atualização de sua carteira. Contratou uma pessoa para fazer o trabalho, orientou como coletar as informações, como separar os clientes por grupos (clientes atuais, clientes potenciais, clientes inativos etc.).

Assim, começou a focar mais na gestão estratégica de sua carteira de clientes, passou a processar as informações que tinha disponíveis, definiu o que seria um cliente ativo e inativo para sua realidade, quais dos clientes ativos tinham um maior poder de compra e quais eram os mais lucrativos. Levantou informações sobre potenciais clientes e elaborou um bom roteiro de visitas, para atender cada cliente de acordo com seu perfil e suas necessidades.

Dando continuidade ao seu planejamento, desenvolveu ações para monitorar todos os clientes, desse modo saberia quantos clientes havia na carteira, quantos estavam comprando, quantos deixaram de comprar, e entenderia o que estava acontecendo para tomar decisões antecipadas, com objetivo de estreitar cada vez mais o relacionamento com os clientes. A partir disso, foi criado um modelo de avaliação para saber o que estava funcionando e o que precisava ser melhorado.

Ao realizar aquele trabalho, conseguiu aumentar a carteira de clientes de forma sustentável. Como consequência, atingiu suas metas, aumentou suas vendas, e ficou cada vez mais feliz com seus resultados.

Ao dizer isso, Amaral olhou para o seu relógio de marca Rolex, modelo YACHT – MASTER, observou que passava das 15h, agradeceu pela conversa, pegou sua pasta, se despediu, saiu caminhando pela rua da moeda, em direção ao marco zero, onde havia mais um cliente para visitar.

Como observamos na história acima, ter uma carteira de clientes atualizada é de suma importância para qualquer empresa ou vendedor. Afinal de contas, como podemos realizar nossas vendas sem ter clientes? Porém, fazer a gestão da carteira de cliente é mais importante ainda. É um grande erro pensar que uma grande quantidade de clientes na carteira será motivo para bons resultados.

Vendedores recebem e visitam clientes todos os dias, conhecem os funcionários dessas empresas, chamam pelo nome, no entanto, como não têm o hábito de atualizar o cadastro desses clientes, não fazem o acompanhamento do consumo, frequência, volume das compras e tipos dos produtos ou serviços. São essas informações que vão contribuir para empresas e vendedores entenderem os hábitos de compra, preferências e estreitar relacionamentos com as pessoas que o vendedor vai realizar seus negócios.

É por meio dessas informações que se tem condições de desenvolver estratégias, administrar e gerenciar a base de clientes, para oferecer-lhes uma promoção, sugerir novos produtos ou serviços e até mesmo pedir uma opinião.

Nas diversas conversas que tenho com proprietários de micro e pequenas empresas e vendedores, tenho chamado a atenção para a importância do relacionamento com o cliente, acreditamos, inclusive, que essa pode ser uma arma poderosa para vencer a concorrência.

No dia a dia dos negócios, temos a oportunidade de conhecer nossos clientes, mas como nunca planejamos nossas ações, eles vão embora e ficamos sem saber suas necessidades. Portanto, fazer o cadastro dos clientes e elaborar um histórico de suas compras é muito importante. Com as informações dos clientes nas mãos, podemos realizar a manutenção de suas compras, informar as promoções do momento e saber de suas preferências. Essa estratégia é um diferencial competitivo, principalmente nos dias atuais, em que a concorrência é cada vez maior.

Precisamos compreender que desenvolver relacionamento é uma estratégia extremamente valiosa para termos sucesso em vendas, mantermos o nosso negócio e os nossos produtos ou serviços na mente do consumidor. Além do mais, quando uma empresa ou vendedor consegue uma maior quantidade de informações a respeito de seus clientes, também será sua capacidade de desenvolver estratégias para privilegiar os clientes que são mais lucrativos para a empresa e seus vendedores.

Quando o Amaral passou a fazer uma gestão estratégica da sua carteira de clientes, seus resultados mudaram para melhor e ele obteve excelentes resultados. Portanto, não perca tempo, passe a utilizar corretamente o maior patrimônio de um vendedor, esse é o caminho para o sucesso.

22

Vendedor bem-sucedido sempre tem um mentor, quem é o seu?

As chances de sermos bem-sucedidos sem a ajuda de alguém é muito pequena. O vendedor deve buscar orientações, aconselhamentos, ser desafiado, saber se está seguindo a direção certa para ser um vendedor acima da média. Neste capítulo, você descobrirá como encontrar essa pessoa e o que fazer para ter mais sucesso!

Sidinei Augusto

Sidinei Augusto

Palestrante Licenciado da K.L.A. Educação Empresarial. Diretor e palestrante da Escola de Vendas e Negócios K.L.A. em Poços de Caldas/MG e Curitiba/PR. Empresário, especialista em vendas, especialista em gestão empresarial, professor, palestrante de vendas, palestrante de motivação e treinamentos sobre planejamento estratégico. Formado em ciências econômicas e matemática. Especialização em empreendedorismo pela Babson College, Boston, USA. MBA em gestão empresarial pela Fundação Getulio Vargas – FGV, coautor do livro *Vendas: a chave de tudo* pela Literare Books.

Contatos
www.grupokla.com.br/suldeminas/curitiba/
sidinei.augusto@grupokla.com.br
Facebook: escoladevendasklasuldeminasecuritiba
(35) 99147-1117

"Você pode ficar desapontado se falhar, mas você está condenado se não tentar."
(Beverly Sills)

Dia 15/12/2017, estávamos, eu e minha esposa viajando de carro para a convenção da empresa que trabalhamos, na cidade de Cesário Lange, SP. Viajávamos tranquilamente pela rodovia Castelo Branco, sentido interior de São Paulo, conversando assuntos pessoais e profissionais das nossas vidas. Planejando o que pretendíamos para 2018.

Próximo ao quilômetro 65 da rodovia, o trânsito ficou bastante lento. Estavam fazendo manutenção da pista de rolamento (asfalto). E neste para-avança, recebi uma mensagem em meu celular. Era meu sócio, solicitando orientações sobre um problema com um de nossos fornecedores. Os veículos à minha frente já estavam novamente em movimento e, erroneamente (não recomendo ninguém fazer isso), peguei o celular e iniciei uma mensagem de voz, respondendo às dúvidas do meu sócio. Poucos segundos depois, o veículo da frente parou e, obviamente, em razão da minha distração falando ao celular, provoquei uma batida na traseira daquele veículo.

De repente, fiquei furioso. Lembro-me de falar para minha esposa: "que motorista irresponsável. Não presta atenção no trânsito, freia bruscamente e ainda me faz bater nosso carro!!".

Abri a porta do carro, pronto para ir acusar o outro motorista de ser o culpado pela colisão. Ao perceber aquela minha reação, minha esposa me segurou pelo braço e me perguntou:

— O que irá fazer?

— O que vou fazer? Vou tirar satisfação com aquele motorista. Ele me fez bater o carro. Terá que pagar o prejuízo! – respondi rapidamente.

Naquela hora, minha esposa, muito sensata, olhou para mim e disse que realmente tinha sido eu quem havia provocado a batida. Por negligência, por estar falando ao telefone e me distraído.

Naquele momento eu engoli a seco e me dei conta que não prestei atenção no trânsito. Não mantive a distância de segurança e não consegui frear o carro antes de colidir com o veículo da frente.

O pior é que, depois disso, percebi que os carros não tinham sequer sido danificados em grandes proporções, apenas o meu, um pequeno amassamento na parte frontal. O outro motorista me disse que eu não precisaria pagar nada para ele. A situação se resolveu e seguimos para a nossa convenção.

Aquele acontecimento me fez pensar muito sobre a necessidade de termos alguém para nos ajudar a enxergar aquilo que não conseguimos, ou ainda, enxergar de uma forma diferente determinados fatos.

No caso do meu acidente, se minha esposa não tivesse presenciado a cena, percebido a situação de fora e relatado o que havia acontecido, provavelmente a discussão não teria se resolvido de maneira tão simples.

Minha esposa atuou como uma mentora para mim. Ela pôde me relatar aquilo que tinha observado e que eu não conseguia ver e isso fez com que eu me desse conta do que estava acontecendo. Entender que eu estava errado!

Este é apenas um exemplo. Situações de "cegueira" como estas são muito comuns em nossa vida. Muitas vezes não conseguimos perceber com clareza aquilo que está acontecendo. E isso acontece porque estamos – como eu naquele acidente – dentro da cena, participando dela e imersos no que estamos vivendo. Uma imersão que nos impede de prestar atenção ao que de fato está acontecendo ao nosso redor. Estes tipos de "cegueiras" também acontecem no ambiente profissional. É nesta hora que entendemos a necessidade de ter alguém para nos auxiliar a ver o que não conseguimos enxergar e nos ajudar a encontrar atalhos para que cheguemos onde desejamos, para que possamos resolver situações de uma forma muito mais simples do que seria sem eles.

As chances de sermos bem-sucedidos sem a ajuda de alguém é muito pequena. Por exemplo, o ambiente familiar é onde as crianças iniciam seus aprendizados. Aprendem a falar, a se comportar e a conviver em sociedade, dentre outras posturas. Este contato entre pais e filhos é a essência do caráter a ser moldado nos filhos. Podemos, com isso, afirmar que, desde a nossa mais tenra infância, temos a necessidade de alguém para nos guiar, para nos ajudar e orientar. Ora os pais, ora os professores, amigos etc.

Em nosso dia a dia, em vendas, devemos encontrar quem irá nos ajudar a chegar ao topo. Quem será nosso mentor.

Lógico que muitas pessoas poderão ocupar este "cargo", mas uma delas, sem dúvida, será o seu líder, o seu gerente de vendas. Ela fará você entender se está ou não no caminho certo para o sucesso. Além de receber orientações do nosso líder, podemos também aprender com seus exemplos.

Certa vez, ouvi a história e gostaria de compartilhar com você.

Napoleão Bonaparte foi um líder político e militar durante os últimos estágios da Revolução Francesa.

Napoleão foi, sem dúvida, um dos maiores líderes que este mundo já conheceu.

Certa vez, seu exército estava se preparando para uma das maiores batalhas. As forças adversárias tinham um contingente três vezes superior ao seu, além de equipamentos muito superiores.

Napoleão avisou seus generais de que ele estava indo para a frente de batalha e estes procuraram convencê-lo a mudar de ideia:

— Comandante, o senhor é o império. Se morrer, o império deixará de existir. A batalha será muito difícil. Deixe que nós cuidaremos de tudo. Por favor, fique. Confie em nós.

Tudo em vão. Não houve nada que o fizesse mudar de ideia.

No meio da noite, o general Junot, um de seus brilhantes auxiliares e também amigo, o procurou e de novo tentou mostrar o perigo de ir para a frente de batalha.

Napoleão olhou-o com firmeza e disse:

— Não tem jeito, eu vou.

— Mas, por que, comandante? – retrucou o General Junot.

— Simples, meu amigo, porque é muito mais fácil puxar do que empurrar!

Com isso podemos aprender, por meio desta fantástica história, que servir de exemplo não é a melhor forma de ensinar, mas em muitos casos, é a única forma!

Napoleão tem razão, quando o líder está junto, as pessoas se deixam contagiar por sua energia vencedora. Ele pode ensinar muito aos seus liderados. A simples presença do líder faz despertar a coragem e a confiança de todos. E seu líder (seu gerente, seu chefe etc.) poderá fazer isso muito bem! O que você está aprendendo com ele?

"Os olhos são a janela da alma."

(Leonardo Da Vinci)

A maneira que você enxerga o seu líder fará grande diferença em sua vida. Isso poderá tornar mais fácil ou mais difícil atingir o sucesso. Lembre-se de que ele não chegou onde chegou ao acaso. Ao longo da sua vida, aprendeu muito e poderá compartilhar este conhecimento com você. Você está enxergando seu líder como seu aliado? Como seu mentor? Enxergar o chefe como um mentor é uma característica comum entre os vendedores bem-sucedidos.

Você sabe exatamente o que é um "mentor"?

O mentor é uma figura da Grécia antiga, que assumia o papel do pai, no ensinamento e orientação. Não era necessário alguém com idade maior, mas com vasta experiência em negócios ou grande vivência em determinado assunto.

Para os dias atuais, considero mentor, aquela pessoa que "chegou lá" e que serve de guia, de sábio e de experiente conselheiro. Alguém que inspira, estimula, cria ou orienta (ideias, ações, projetos, realizações etc.). É aquela pessoa que vai nos tirar da zona de conforto, que vai nos auxiliar a conquistar aquilo que realmente desejamos e encontrar um sentido, não só nos negócios, mas também na vida.

Novamente lhe pergunto: você está enxergando seu líder como seu mentor?

É comum vendedores fracassarem em diversas empresas. Por que isso acontece? Uma das razões é pelo fato de estes profissionais não verem o que seus líderes têm de bom. Acabam reclamando de tudo e de todos. Esquecem que todos somos seres humanos, todos temos defeitos, é verdade, mas também todos temos qualidades.

> "Apesar de existirem defeitos, nossos amigos verdadeiros sempre conseguem enxergar melhor nossas qualidades." (Autor desconhecido)

A grande diferença entre um vendedor bem-sucedido e um que não seja é que o primeiro tem uma virtude. A virtude de enxergá-lo como mentor. Então, aproveite o lado bom das pessoas. Não foque apenas nos defeitos! Enxergar as atitudes boas no líder é uma qualidade moral particular. Então...exerça! Faça a diferença na sua vida.

Quem você acha que pode inspirá-lo?

Certa vez, estava verificando para comprar um novo carro. Visitei diversas lojas especializadas, mas em visita em uma delas, presenciei um atendimento que me chamou a atenção. Enquanto eu olhava alguns modelos, um dos vendedores estava atendendo um casal. Pelo ritmo da conversa, conclui que estavam ali havia algum tempo. Acabei ouvindo a conversa... Disse o cliente:

— Nosso carro é um gol G4 2010 e gostaríamos de trocar por aquela EcoSport (e apontou o veículo). Gostamos muito dela! Qual o valor que vocês pagariam no meu carro para a troca?

Neste momento aconteceu algo que eu jamais esperava ouvir!!

Resposta do vendedor:

— Vixi... Aqui não vale a pena o Sr. trocar não. Aqui eles vão pagar uma ninharia, um valor muito baixo no seu carro. Não vai compensar para o Sr.

Logo em seguida, as duas pessoas se entreolharam, fizeram uma expressão meio que de susto e, na sequência, disseram ao vendedor que iriam avaliar e foram embora.

Fiquei me questionando: será que essa maneira é o normal desse vendedor atender? Você gostaria de fazer negócio com alguém ou alguma empresa que não "valoriza" o seu patrimônio? Este foi o entendimento durante aquele conversa.

Aquele profissional desvendeu! Jamais poderia ter utilizado esta expressão! Não era um campeão de vendas. Poderia ser mais habilidoso na condução da negociação. Por exemplo:

"Que bom que vocês gostaram do veículo. Foi uma excelente escolha. Em relação ao seu, pagaremos um valor justo. Algo que certamente agradará a todos. Vamos calcular...".

Infelizmente não tive a oportunidade de saber se aquele vendedor obteve orientação para melhorar suas habilidades em vendas. Mas, certamente, seu líder poderia fazer a diferença na sua vida. Desde que ele (o vendedor) o procurasse e pedisse orientações. Ter um líder e enxergá-lo como um mentor é um privilégio. O vendedor deve buscar orientações, aconselhamentos, ser desafiado, saber se está seguindo a direção certa para ser um vendedor acima da média. Demonstre o seu desejo sincero de aprender com ele e chegue ao topo rapidamente.

Muitos vendedores fracassam por algumas razões, conheça as principais:

1. Esquecem que não são remunerados por volume de trabalho, mas sim por vendas que realizam;
2. Falta habilidade na condução da negociação;
3. Falta conhecimento sobre técnicas de vendas;
4. Não entendem e nem sabem lidar com gente;
5. Oferecem produtos certos para as pessoas erradas. Não sabem quais produtos devem oferecer;
6. Não sabem qual é o perfil ideal de cliente;
7. Não falam com quem decide;
8. Utilizam estratégias erradas;
9. Falta autoconfiança;
10. Não têm mentores para orientá-los.

Quantas vezes já ouvi a frase: "Estou dando o melhor de mim". Mas, os resultados não aparecem. Realizam inúmeras visitas, até conseguem passar orçamentos, mas nada de vendas. Tudo isso por não pedirem a ajuda de alguém.

Quem você acha que pode orientá-lo? Inspirá-lo? "Programá-lo" para vender? Peça para seu líder lhe colocar desafios, para lhe provar que você é capaz!! Queira! Faça acontecer. Ultrapasse seus limites. Peça para que compartilhe seus conhecimentos, sua sabedoria, sua experiência de vida com você. Que o ajude a identificar sua rota.

Ninguém é bem-sucedido à toa! Aprenda com o seu mentor. Se há algo que realmente atrapalha a carreira de um vendedor é ele se distanciar do líder. Caso esteja distante dele, reaproxime-se o mais rápido possível. Tenha-o como seu mentor.

No início deste texto, disse a você que várias pessoas poderiam ajudá-lo ou ser seu mentor. E uma delas foi o seu líder. Na verdade, seu mentor não necessariamente precisa ser o seu líder. Então, irei lhe apresentar quais outras pessoas podem assumir este papel.

Tenha um mentor e chegará rapidamente ao topo!

Seus pais, um colega, um professor, todos estes podem ocupar o lugar de seu mentor. Outra possibilidade: já parou para pensar e identificar quem é o melhor vendedor da sua empresa ou de alguma outra que você conheça? Ele também poderá ser seu mentor. Steve Jobs, Jorge Paulo Lemann, Elon Musk ou qualquer outro grande empreendedor e líder que você considere uma referência, pode servir de guia e inspiração.

Estudar as histórias destas pessoas, identificar quais são seus hábitos de sucesso, com toda certeza lhe possibilitará aprender com seus desafios e experiências.

Lembre-se: seu mentor dará a você a direção, capacitará para liderança, beneficiará com consultoria pessoal, será seu conselheiro, seu treinador, dará inspiração, dará suporte e o motivará cada vez mais para o sucesso!!

Mas, tome cuidado para não confundir o papel do mentor. Sua principal contribuição é para o desenvolvimento do vendedor. Ele não vai lhe dar uma ideia de negócio, vai ajudá-lo a ter esta ideia. Não vai apresentar pessoas importantes a você, mas vai ensiná-lo como montar uma rede de relacionamentos. Não vai lhe dizer o que fazer, mas desenvolver sua capacidade de tomar suas próprias decisões.

Vendedor bem-sucedido sempre tem um mentor. Quem é o seu? Descubra-o e conquiste rapidamente o seu sucesso!!

Até o nosso próximo livro.

23

Controle financeiro: o segredo dos vendedores bem-sucedidos

Por que alguns vendedores parecem tão prósperos e satisfeitos com seus sonhos e conquistas, enquanto outros parecem viver em constante estagnação? Neste capítulo, você, campeão de vendas, será auxiliado a fazer escolhas que impactarão na maneira que você desfrutará de suas conquistas em vendas

Thalis Zayede

Thalis Zayede

Administrador, empresário, *coach* pela Sociedade Latino Americana de Coaching (SLAC), instrutor, consultor, especialista em gestão pela Universidade Federal de Mato Grosso do Sul, analista comportamental com MBA em desenvolvimento humano de gestores pela Fundação Getulio Vargas. Trabalha com treinamento e desenvolvimento de equipe há quase dez anos, sendo especialista na área de vendas, liderança, gestão empresarial e produtividade. Diretor da Escola de Vendas & Negócios K.L.A. em Campo Grande – MS.

Contatos
www.grupokla.com.br/campogrande
thalis@grupokla.com.br
(67) 99963-4140

Seu resultado é o fruto da sua escolha, multiplicado pela constância da sua atitude.

São 6h da manhã, seu despertador toca, então você toma uma das primeiras decisões do dia: levantar ou ativar a função soneca? As 8h da manhã você terá uma reunião importante com um cliente e se pergunta: qual roupa devo vestir? Você tem uma ligação importante para fechar um novo contrato, quando uma decisão inconsciente surge: ligar imediatamente ou tomar uma xícara de café antes?

Um dos maiores privilégios que temos é a capacidade de fazermos escolhas. Em um único dia, somos capazes de tomar centenas de decisões, desde qual sabor de suco tomar, até que profissão escolher.

Decidi que iria aprender com meus três filhos, e uma das principais lições da minha vida, eu vivenciei com meu filho João Miguel, que na época tinha três anos de idade.

Eu e minha esposa o levamos para passear no *shopping* da nossa cidade. Enquanto eu estacionava o carro, meu filho pediu que eu comprasse um suco de laranja para ele. Eu respondi que se ele se comportasse bem, após o passeio eu compraria.

Passeamos, fizemos compras, o João Miguel se divertiu e acabamos esquecendo do suco de laranja. Como minha esposa queria comprar algumas frutas e verduras, passamos no supermercado que ficava no anexo do *shopping*. Enquanto ela escolhia os alimentos, eu passeava com meu filho no carrinho.

Passando pela seção dos laticínios, perguntei se ele gostaria de levar um iogurte para tomar em casa, e prontamente ele disse que sim, já o segurando em suas mãos. Alguns passos à frente, vi a prateleira com o suco de laranja e me recordei do pedido dele. Por mais que meu filho não lembrasse mais da promessa, eu perguntei se ele ainda queria.

Ele abriu um sorriso e estendeu a mão para pegar, ficando com o iogurte em uma das mãos e o suco na outra. Naquele momento, disse algo para meu filho, que certamente apertará seu coração, amigo(a) leitor(a). Falei que ele precisava escolher qual dos dois levaria.

Confesso que, assim como todo pai e mãe que ama seu filho, sofri em fazer aquela pergunta, ainda mais vendo ele me olhar como se quisesse dizer: eu quero os dois, papai.

Thalis Zayede

Minha esposa, ao ver aquela cena, disse que iria buscar mais algumas verduras, pois ela não conseguiria ver até onde iria.

Já estava preparado para o pior, quando meu filho me disse, com naturalidade, que gostaria de levar o suco de laranja, colocando o iogurte de volta na prateleira.

Quantas lições podemos aprender com uma criança. Quando pedi para ele decidir entre o suco e o iogurte, certamente não era pelo valor de R$ 3. A grande questão era fazê-lo compreender que a nossa vida é feita de escolhas e, nesse processo, precisamos renunciar.

Fique tranquilo(a), o João Miguel ficou bem, e já no carro, tomou o suco com muito gosto. A grande questão é que, muitas vezes, perdemos a noção da importância de escolher, pois temos dificuldade em lidar com a renúncia.

Como *coach* e mentor de empresários, gerentes e vendedores, tenho visto pessoas estagnadas, pois reconhecem a necessidade da renúncia ao tomar uma decisão.

O grande poeta, Pablo Neruda, dizia que: "você é livre para fazer suas escolhas, mas é prisioneiro das consequências". Todas as consequências de hoje são frutos das escolhas do passado. Até mesmo quando não queremos decidir, acabamos renunciando a uma vida diferente, com muitas possibilidades.

Ser uma pessoa bem-sucedida financeiramente não está relacionado somente ao salário, mas às escolhas que você faz durante o percurso. É por esse motivo que falaremos aqui sobre as principais escolhas que você pode fazer a partir deste momento.

Primeira escolha: ter controle sobre as finanças

A primeira grande escolha que devemos fazer diz respeito a se organizar. Há uma frase muito famosa que diz que o mundo não é dos fortes, mas sim dos disciplinados. Organizar suas finanças pessoais é fundamental. Se atualmente falta dinheiro na sua conta, se o dinheiro dá certinho para as contas do mês, se ele sobra, independentemente da situação, organize-se.

Utilize algum método de controle financeiro para acompanhar suas entradas, gastos e investimentos. Para algumas pessoas, nada supera o caderninho com anotações, outras preferem uma planilha do *Excel*, outras já utilizam algum aplicativo em seu *smartphone*. Tenho utilizado, há algum tempo, um *app* para todo controle financeiro, que me atende muito bem.

Qual a sua escolha? Não tenha medo de organizar o seu método de controle financeiro. Lance tudo, principalmente suas despesas, pois elas darão base para sua próxima escolha.

Segunda escolha: acreditar que tudo é possível

Um dos empecilhos do foco do vendedor são as temidas dívidas. É praticamente impossível um vendedor ter cem por cento de aproveitamento quando a sua cabeça está pensando em contas.

Certa vez atendi um cliente, que por muitos anos tinha sido o melhor vendedor da companhia que trabalhava, porém, devido a uma má gestão financeira, acabou se endividando muito. Ele me relatou que todos os dias pela manhã, quando chegava na empresa, abria sua conta bancária para ver seu extrato e, com isso, perdia 30min. de vendas. Ao conversar com ele e descobrir que ele recebia apenas uma vez no mês, perguntei se aquele ritual era para ver se havia algum valor depositado por engano. Após rirmos da situação, iniciamos um plano de ação para as contas dele.

A primeira coisa que ele me disse foi que o setor que ele trabalhava estava em recessão, sem a possibilidade de aumento de vendas. Então pedi para ele que ficasse tranquilo, pois iriamos trabalhar o aumento das vendas, com foco na redução de gastos pessoais. Imediatamente ele me retrucou, dizendo que era impossível, pois ele não levava uma vida tão luxuosa.

Se tem algo que eu acredito e procuro passar para todos clientes e alunos é de que tudo é possível quando focamos e passamos a pensar fora da nossa zona de conforto. Um dos empresários mais ricos do país, Marcel Telles costuma dizer que "custos e despesas são como unhas, estão sempre crescendo. Periodicamente precisam ser cortados".

Se você acreditar que não consegue reduzir nem um centavo das suas despesas mensais, provavelmente não conseguirá reduzir nada. Se você acreditar que pode reduzir R$ 150 por mês, certamente fará um esforço e conseguirá. O seu resultado é do tamanho da sua expectativa.

A partir desse momento, planilhamos todas as despesas dele e conseguimos uma grande redução de suas despesas, sem diminuir sua qualidade de vida.

Neste exato momento, faça um acordo mental consigo. Quanto você gostaria de economizar por mês? Qual a sua meta de economia para suas despesas? Essa meta de redução não se limita a endividados, mas a todos aqueles que compreenderam que nossas despesas são como as unhas, de tempos em tempos precisamos cortar. Então, qual é o seu número mensal?

( ) R$ 100

( ) R$ 200

( ) R$ 300

( ) Outro: _______________

Está realmente disposto a abraçar esse desafio? Então comunique com alguém essa meta. Dessa maneira, você aumentará o seu poder de realização. Converse com a esposa, marido, filhos, pais, ou se quiser, simplesmente me envie um *e-mail* dizendo que irá atrás dos seus R$ 200 por mês.

Agora que já sabe qual seu número mensal, gostaria que você multiplicasse esse valor por 12 meses. Qual valor de economia anual que você chegou? Talvez esse número tenha lhe atraído mais ainda. Já começou a pensar o que poderá fazer com essa economia anual?

Se você não está endividado, poderá economizar em diversos itens, sem alterar sua qualidade de vida. Contudo, se possui contas atrasadas, sugiro que a sua renúncia seja bem maior, mesmo que tenha reflexo na sua qualidade de vida durante algum tempo, pois nada se compara ao sabor de conseguir quitar todas as dívidas.

Relacione em um caderno ou planilha todas as suas despesas dos últimos meses, tanto fixas (aluguel, água, luz, *Internet*, telefone etc.), como variáveis (lazer, alimentação, combustível etc.). Faça o cálculo da média mensal e coloque um novo valor como meta.

Feito isso, pense em quais ações você deverá executar para atingir essa meta. Quando possível, coloque uma data limite para essa ação e o responsável por cumpri-la. Lembrando que, às vezes, não conseguiremos redução em todas as despesas ou, às vezes, não abrimos mão de algumas, mas isso não pode ser motivo para não nos dedicarmos naquelas que forem possíveis. Veja o exemplo abaixo:

Despesa	Média mensal	Meta mensal	Ação	Economia atingida
Aluguel	R$ 1.000	R$ 1.000	Sem ações de redução.	**R$ 0**
Energia	R$ 123	R$ 110	Desligar os aparelhos da tomada; Chuveiro na temperatura morna; Trocar as lâmpadas mais acesas por LED (Resp.: Marcos / Prazo: 15 de julho).	**R$ 13**
Água	R$ 154	R$ 130	Checar possíveis vazamentos; Regar as plantas com regador; Instalar um reservatório para captar a água da chuva. (Responsável: Pedro / Prazo: 20 de agosto)	**R$ 24**
TV e *Internet*	R$ 169	R$ 129	Buscar planos mais baratos. (Resp.: Júlia / Prazo: 10 de junho). Cancelar a TV, ficar apenas com a *Internet* e assinar Netflix ou Prime Amazon. (Resp.: Júlia / Prazo: 10 de junho)	**R$ 40**

Celular	R$ 99	R$ 69,90	Trocar de plano.	**R$ 30**
Tarifa bancária	R$ 25	R$ 0	Optar pela cesta essencial de serviços, isenta de tarifa.	**R$ 25**
Restaurantes / lanches	R$350	R$ 290	Escolher restaurantes mais baratos e satisfatórios ao sair.	**R$ 60**
Combustível	R$ 200	R$ 180	Evitar horários de pico.	**R$ 20**
Açougue	R$ 150	R$ 150	Sem mudanças.	**R$ 0**
Passeios	R$ 100	R$ 70	Buscar alternativas como parques.	**R$ 30**
Mercado	R$ 500	R$ 470	Comprar embalagens fechadas no atacado.	**R$ 30**
			Total da economia mensal	**R$ 272**
			Total da economia anual alcançada	**R$ 3.264**

Neste exemplo, a economia anual foi de R$ 3.264, sem perder qualidade de vida. O que você faria com esse montante a mais no final do ano?

Lembra que falamos que a vida é feita de escolhas? Neste momento, você pode ter optado por economizar em alguns itens, para fazer uma viagem no final do ano, por exemplo. Não tenha medo de montar seu plano de ação. Se está tranquilo com as finanças, seja menos rígido em seus cortes, mas se está endividado, não tenha medo de encarar todos os itens. Além disso, se possível, veja quais produtos (roupas, móveis, eletrônicos etc.) você não utiliza mais que podem ser vendidos para ajudar a quitar as dívidas.

Terceira escolha: tenha visão de futuro

"Se você não sabe onde quer chegar, qualquer caminho servirá."
Lewis Carroll - Autor do livro *Alice no país das maravilhas*

Já percorremos um bom caminho para nosso sucesso financeiro, agora precisamos ter visão de futuro. Para isso, precisamos desocupar nossa mente ao máximo. Segue abaixo cinco dicas para nos auxiliar.

1 – Programe todos seus pagamentos para um único dia. Isso lhe trará um controle financeiro melhor e mais tempo produtivo;

2 – Quanto mais cartões e contas bancárias você tiver, mais energia irá despender para administrá-los. O risco de se perder é alto, tenha somente o necessário;

3 – Compras parceladas e cartão de crédito são uma grande armadilha para boa parte das pessoas. Tome cuidado;

4 – Algumas vezes, as redes sociais nos fazem gastar um dinheiro que não temos, com sonhos que não nos satisfazem. Você tem o direito de escolher viajar o mundo, ajudar uma ONG, dar apoio aos seus pais, trocar de carro ou ter três filhos. Escolha o sonho que o satisfaz e veja quais ações e renúncias necessárias para atingi-lo.

5 – Para ter tranquilidade nas vendas, é fundamental que tenhamos uma reserva financeira para emergências. Especialistas dizem que o ideal é que ela seja o custo de nossas despesas mensais, multiplicado por seis.

Com estas dicas bem executadas, é o momento de pensar como um investidor para garantir aos poucos a sua independência financeira e não ficar dependendo da promessa de uma previdência pública.

Poupe e invista um pouco, todos os meses, e verá a magia dos juros compostos. Busque investimentos de acordo com seu perfil, mas jamais perca a constância. Quer um exemplo? Atendi um vendedor que conseguiu economizar em apenas dois itens – *Internet* e telefonia móvel – o valor de R$ 100 por mês.

Ele me disse que queria investir mensalmente esse dinheiro da economia, mas achava que não faria uma grande diferença em seu futuro. Fiz uma rápida simulação para ele e mostrei que esses R$ 100 que ele estava dando para as operadoras de telefonia, se fosse investido todos os meses no tesouro direto, por exemplo, ao final de 30 anos ele teria acumulado mais de R$ 200 mil reais.

Guarde dinheiro e renda juros. Assim, você realizará sonhos e celebrará suas conquistas. Quais são seus sonhos? Como dizia Walt Disney, “se você pode sonhar, você pode realizar.”

Última escolha: aprenda sempre

Dedique tempo e recursos para aprender sobre temas que farão a diferença na sua vida, como finanças. O conhecimento adquirido ninguém lhe tira. Então cresça cada dia, aprenda sobre renda fixa, renda variável, plano de aposentadoria, independência financeira, afinal, um verdadeiro campeão de vendas merece ser próspero.

Desejo a você, amigo(a) vendedor(a), que tenha forças para todos os passos rumo ao seu sucesso. Lembre-se de que o menor passo dado na direção correta o deixa mais próximo do seu sonho, do que um passo gigante, sem rumo.

24

Metas: as melhores estratégias e táticas para chegar lá!

Neste capítulo você descobrirá como definir suas metas, planejar as melhores estratégias e táticas para chegar lá! O campeão de vendas sabe que precisa estabelecer uma parceria com o seu líder, que é o seu melhor mentor, e desenvolver um relacionamento profissional sólido com seus clientes, transformando os mesmos em um "exército de vendedores", por meio da indicação de novos potenciais clientes

Valdélio Lins

Valdélio Lins

É graduado em gestão empresarial pela Universidade Anhembi Morumbi. Especialista em *marketing* estratégico pela Fundação Getulio Vargas de São Paulo, e mestre em sustentabilidade pela Universidade de Pernambuco (UPE). Com mais de 25 anos de experiência, trabalhou em grandes empresas nacionais e multinacionais como: TVA Brasil, Canbras (Bell South Canadá), Atento, Faculdades Integradas da Bahia e Grupo Sete de Setembro. Atuou, também, como palestrante licenciado da Escola de Vendas e Negócios K.L.A. e CEO da Sete Ellos Consultoria. Atualmente é Diretor Comercial do Grupo Ferreira Lúcio que tem 35 lojas e cerca de 700 colaboradores. Autor do livro *A visão de um vencedor*, do *e-book A magia do marketing pessoal nas vendas* e do DVD *Marketing pessoal: estratégias para o sucesso profissional.* Valdélio Lins é uma das maiores referências em vendas e *marketing* no Sertão Brasileiro, contribuindo com o desenvolvimento de milhares de profissionais e empresas, por intermédio de suas palestras, consultorias e treinamentos.

Contatos
www.valdeliolins.com.br
valdelio@grupokla.com.br
Instagram: valdelio.oficial
Facebook: Valdelio Lins
Linkedin: br.linkedin.com/in/valdélio-lins-65aa21108
(75) 98811-9974

Em minhas palestras e treinamentos sobre vendas, eu sempre faço a seguinte pergunta: "a partir de que momento um vendedor pode afirmar que, de fato, está vivo"?

E sempre escuto as respostas mais óbvias possíveis: "quando está respirando"; "quando acorda"; "quando nasce e chora", entre outras.

E se eu perguntasse a você? Qual seria sua resposta? Qual seria a resposta mais apropriada?

Eu posso afirmar que o vendedor só está vivo, de fato, quando ele tem metas.

Uma das razões principais que impede os vendedores de atingir suas metas é o fato de que muitos confundem metas com sonhos.

Você sabe qual é a diferença entre sonhos e metas?

Quando o vendedor sonha, está dormindo e vivendo, em geral, num mundo distante da realidade. E, mesmo empreendendo muita energia no trabalho, alcançará baixos resultados. Já quando define uma meta, o vendedor trabalha com o mundo real, contextualizando os seus objetivos pessoais e profissionais, com a sua realidade. E a cada conquista, conforme as suas possibilidades de crescimento vão sendo ampliadas, estabelece metas cada vez mais ousadas e desafiantes.

Que estratégias o vendedor deve utilizar para definir suas metas?

O campeão de vendas sabe que para definir e alcançar suas metas, ele precisa estabelecer uma parceria com o seu líder, que é o seu melhor mentor.

Alinhe sempre suas metas com o seu líder e você conquistará um grande aliado.

E, no momento de definir suas metas, seja *smart* (esperto) e observe algumas regras fundamentais para o alcance dos seus objetivos:

- A sua meta não pode gerar dúvidas, tem que ser específica;
- Deve ser possível de medir, ser acompanhada e avaliada;
- A meta precisa ser realista e possível de ser alcançada;
- Você precisa ter um propósito pessoal na meta a ser atingida;
- Deve ter uma data limite (dia, mês e ano) para ser alcançada.

Veja um exemplo de uma meta *smart*: minha meta é vender entre os dias 1 e 31/12/2018 o total de oito lotes do empreendimento residencial Eco Park, ou seja, dois lotes por semana. Cada lote mede 400 m² e custa R$ 50 mil reais, totalizando uma venda de R$ 400 mil. Com essa venda, vou ganhar uma comissão de 3% (R$ 12.600,00). Utilizarei 30% desta comissão (R$ 3.600,00)para fazer uma viagem com a minha família, em janeiro de 2019, e os outros 70% (R$ 8.400,00) vou poupar para trocar de carro, em fevereiro de 2019.

Suas metas estão sendo definidas desta forma?

Sendo claro na definição de suas metas, será muito mais fácil criar as estratégias e monitorar os resultados. Mantenha seu foco e energia equilibrados e direcionados para o alcance de suas metas e produzirá resultados extraordinários.

A nossa história é repleta de campeões, que movidos por paixão, foco, disciplina e determinação, transformaram seus sonhos em metas, alcançando notoriedade e sucesso:

Henry Ford sonhou viver em um mundo sem carruagens e criou o primeiro carro da história: o Ford T.

Bill Gates sonhou com um mundo conectado por computadores e criou o *Windows*, uma janela para o mundo.

E você? O que o move? Qual o motivo pessoal ou profissional que o impulsiona a atingir suas metas?

Um dos segredos dos campeões de vendas é que eles alinham suas metas de vendas com seus objetivos de vida.

Metas e sonhos precisam caminhar juntos, lado a lado. Por isso, nunca pare de sonhar! Steve Jobs, grande guru da inovação, criador da Apple, afirmou: "cada sonho que você deixa para trás, é um pedaço do seu futuro que deixa de existir". E para realizar seus sonhos, transforme-os em metas desafiadoras. Lance-se a desafios factíveis e procure vencê-los.

Um bom curso, o término da faculdade, um carro novo, "aquele curso de inglês", o "nem tão distante MBA", uma casa de praia, um barco, uma piscina, a tão esperada viagem para a Europa, ver os filhos se formarem na melhor Universidade da cidade...

Pense à vontade. Afinal, "ousar é perder o equilíbrio por um instante, mas, não ousar, é perder-se a si mesmo", afirmou Soren Kierkegaard, filósofo dinamarquês.

O importante é que você amarre seus sonhos às suas metas e direcione todo o seu foco e energia para ampliar suas vendas e alcançar resultados incríveis.

Edílson Lopes, fundador do Grupo K.L.A., afirma: "conhecer a meta é fácil. O difícil é definir uma estratégia para alcançá-la".

Como definir estratégias e táticas inovadoras e eficientes para atingir as suas metas?

Após alinhar a meta de vendas com o seu líder, defina sua meta diária, semanal e mensal. Dessa forma, será bem mais fácil você monitorar sistematicamente o seu resultado, podendo corrigir a tempo eventuais contratempos que tendam a interferir no alcance dos objetivos.

Não deixe para dar o "gás" na última semana do mês, pode ser tarde demais. Recomendo que você defina metas pessoais maiores do que as que forem definidas pelo seu líder. Dessa forma, se não atingir a sua meta pessoal, certamente estará mais perto de atingir a meta da empresa.

Outra dica: defina um presente que você vai se dar, caso atinja sua meta pessoal, como por exemplo: passar um final de semana na praia com sua família ou comprar um novo *notebook* de última geração.

No momento de definir as estratégias e táticas, comece respondendo as seguintes perguntas:

- Além do meu líder, quem pode me ajudar a conquistar minhas metas? Faça uma lista com nomes e contatos.
- Qual é o meu propósito pessoal na conquista desta meta?
- Quem me faz levantar todos os dias disposto a dar o melhor de mim para alcançar as minhas metas profissionais?
- O que os campeões de vendas fazem diferente de mim para alcançar seus objetivos?
- Que novas estratégias e táticas utilizarei?

Vou lhe contar um segredo dos campeões de vendas: eles sabem que os clientes são as pessoas mais importantes que podem ajudá-lo a atingir suas metas.

Sim, é isso mesmo! Você tem um exército de vendedores que podem "trabalhar" para você: seus clientes! Um cliente encantado com o seu atendimento gera novos clientes por meio da indicação. Você pede indicações aos seus clientes? Se não tem este hábito, comece imediatamente a fazer isso e gere uma poderosa lista de *prospects* (potenciais clientes).

Conheça bem as "dores" dos seus clientes, apresente soluções eficazes e personalizadas e invista no relacionamento com os mesmos.

Gere credibilidade e confiança, sendo ético e mostrando que você é um especialista no seu segmento. Dessa forma, o cliente ficará encantado com você e terá o mais prazer em fazer indicações de novos clientes, ampliando as suas vendas.

O norte-americano Joe Girard foi eleito em 1997 "O maior vendedor do mundo", pelo *Guiness Book*. Seus números são extraordinários: ele conseguia vender, sozinho, uma média de 600 carros por ano. Essa meta normalmente é alcançada em cinco anos, por qualquer outro vendedor de carros. A principal estratégia de Joe Girard para vender era usar as indicações a seu favor, investindo no relacionamento com seus clientes, como se fosse um verdadeiro amigo. Para ele, "a venda não acaba quando o cliente compra, ela está apenas começando".

Ele mandava cartões para seus clientes e para seus filhos em datas especiais como aniversário, natal, dia das mães, dos pais e outras ocasiões.

Resultado: quando estas crianças se tornavam adultas, começavam a trabalhar e decidiam comprar seu primeiro carro, não tinham nenhuma dúvida de quem comprar (Joe Girard, é claro!).

Um terço de suas vendas era proveniente de indicações realizadas pelos seus clientes, que ainda ganhavam 25 dólares de presente, por cada indicação. Inspire-se com este exemplo e invista no relacionamento com seus clientes, como uma poderosa estratégia para ampliar suas vendas e atingir suas metas. As redes sociais facilitam esta estratégia, mas deve ser utilizada de forma profissional, sem exageros.

Outra tática importante é receber a nova meta como um desafio a ser superado, exigindo de você: planejamento, organização, foco, autodisciplina e determinação. Administre muito bem o seu tempo, mantenha o foco na execução das estratégias, táticas planejadas e renove sua motivação todos os dias, afinal, sabemos que a motivação é passageira, assim como o efeito do banho, por isso temos que tomá-lo todos os dias.

Pense e repita diariamente, com muita energia, para você mesmo: eu quero! Eu posso! Eu consigo! Eu mereço. Reprograme diariamente seu cérebro a pensar positivamente e construirá um império em vendas. Como indica o *coach* Paulo Vieira, um dos maiores especialistas em inteligência emocional da América Latina: "olhe com positividade e clareza as circunstâncias e colha os frutos da intencionalidade das suas ações".

A diferença dos campeões para as pessoas comuns é que os campeões em vendas não vivem na zona de conforto, e estão sempre pensando no próximo desafio a ser superado.

Para você se tornar um campeão de vendas, admirado e amado por todos, viva, aja e fale como um campeão!

Nos momentos de turbulências e dificuldades, seja humilde, peça orientações ao seu líder, afinal, ele é o seu *coach* e terá o maior prazer em ajudá-lo. Nunca aceite a derrota como uma realidade. Agindo assim, você jamais será um derrotado. Dedique pelo menos 15 minutos por dia ao estudo sobre novas estratégias e táticas de vendas. Leia mais; assista a bons filmes sobre estratégias e superações; siga profissionais de referências em vendas nas redes sociais e nos canais de *Youtube*; invista em treinamentos para aperfeiçoamento profissional continuamente.

Inove e seus resultados serão sempre surpreendentes. Compartilho com você algumas estratégias práticas que desenvolvi ao longo da minha trajetória profissional em vários clientes, sempre com excelentes resultados:

- Parcerias com outras empresas não concorrentes, mas que têm clientes com o mesmo perfil do negócio. Ex: uma empresa de móveis planejados que se associou a uma construtora para venderem imóveis com móveis planejados;
- Realização de *workshops* musicais em escolas e na loja de instrumentos para prospectar e atrair novos clientes;
- Promover cursos de desenho artístico na papelaria que vende artigos para desenhos, gerando novos clientes;
- Uso da estratégia do "funil de vendas" de forma automatizada e eficiente na geração de *leads* (pessoas ou empresas que entraram em contato e têm potencial para se tornarem clientes) em *prospects* (clientes potenciais). Para isso, tivemos clareza da quantidade de *leads* que precisava gerar e que a equipe de vendas teria como atender; qualificaram-se os *leads*, assegurando uma lista de pessoas que, de fato, tinham o perfil alinhado com a *persona* (público-alvo);
- Mapeamento dos clientes atuais, identificando que outros produtos e/ou serviços podiam vender para eles: um novo ambiente de móveis planejados, um novo veículo, um novo curso de graduação e/ou pós-graduação na universidade etc;
- Realização de feiras de profissões, circuito de palestras sobre mercado de trabalho nas escolas de ensino médio, aulões sobre ENEM, oficinas culturais etc. Como estratégias de relacionamentos e atração de novos alunos para a universidade.
- Geração de conteúdos por meio de *e-books* e vídeos distribuídos gratuitamente via *Youtube*, *WhatsApp* e *Instagram*, para construir novos relacionamentos, que depois se transformaram em vendas.

Há várias estratégias e táticas para se alcançar uma meta. Se você quer, de fato, uma evolução nas suas vendas, mude a sua forma de pensar e de agir, e se tornará um campeão de vendas.

O mundo ama os vencedores, mas não tem tempo, nem cria oportunidades para os perdedores. Comece procurando dar verdadeiro sentido à sua vida, com uma boa dose de ambição. "Feche para balanço". Analise as estratégias que você utilizou até agora. Planeje suas metas para os próximos dias, meses e, por que não, anos? Vença seus medos e inseguranças. Não fique acomodado! Saia da zona de conforto e inove nas estratégias e táticas de vendas. Os campeões de vendas inovam e são realizadores de sonhos!

Albert Einstein, em um de seus momentos de inspiração, escreveu: "a definição de insanidade é continuar a fazer o que você sempre fez, desejando obter resultados diferentes".

Já Napoleon Hill, autor do *bestseller Quem pensa enriquece*, nos ensina um caminho seguro e fundamental para se atingir uma meta em apenas quatro passos:

1) Deseje ardentemente atingir sua meta;

2) Tenha fé inabalável de que você alcançará, visualizando o resultado antes de acontecer;

3) Planeje as estratégias e táticas que utilizará;

4) Aja com foco, determinação e persistência, superando eventuais obstáculos que possam impedi-lo de atingir o alvo.

E, a cada conquista, celebre com seu líder, colegas do trabalho, sua família, amigos...

Seja grato com aqueles que acreditam em você e fazem parte da sua história. Afinal, ninguém chega ao topo sozinho! Desenvolva uma visão empreendedora sobre seus sonhos, desejando ardentemente realizá-los, transformando-os em metas, alinhando seus objetivos pessoais e profissionais com suas metas, e buscando desafios cada vez mais ousados e que exigirão de você esforço e determinação, capazes de realizar seus maiores desejos e de inspirar as pessoas ao seu redor.

Referências

LOPES, Edílson. *Escola de Vendas K.L.A.* São Paulo: Literare Books, 2017.

VIEIRA, Paulo. *O poder da ação: faça sua vida ideal sair do papel.* São Paulo: Editora Gente, 2015.

HILL, Napoleon. *Quem pensa enriquece.* São Paulo: Editora Fundamento Educacional, 2011.